CARAVANA DE
SUEÑOS

Libros de Idries Shah

Estudios Sufis y literatura de Medio Oriente
Los Sufis
Caravana de sueños
El camino del Sufi
Cuentos de los derviches: *Cuentos-enseñantes milenarios*
Pensamiento y acción Sufi

Psicología tradicional,
encuentros enseñantes y narrativas
Pensadores de Oriente: *Estudios sobre empirismo*
La sabiduría de los idiotas
La exploración dérmica
Aprender cómo aprender: *Psicología y*
espiritualidad en la vía Sufi
Saber cómo saber
El monasterio mágico: *Filosofía analógica y práctica*
El buscador de la verdad
Observaciones
Noches con Idries Shah
El yo dominante

Disertaciones universitarias
Un escorpión perfumado (Instituto para el estudio
del conocimiento humano – ISHK – y la Universidad
de California)
Problemas especiales en el estudio
de ideas Sufis (Universidad de Sussex)
El elefante en la oscuridad: *Cristianismo,*
Islam y los Sufis (Universidad de Ginebra)
Aspectos negligidos del estudio Sufi: *Empezando a*
empezar (The New School for Social Research)
Cartas y disertaciones de Idries Shah

Ideas actuales y tradicionales
Reflexiones
El libro del libro
Una gacela velada: *Viendo cómo ver*
Iluminación especial: *El uso Sufi del humor*

Corpus del Mulá Nasrudín
Las ocurrencias del increíble Mulá Nasrudín
Las sutilezas del inimitable Mulá Nasrudín
Las hazañas del incomparable Mulá Nasrudín
· El mundo de Nasrudín

Viajes y exploraciones
Destino: La Meca

Estudios sobre creencias minoritarias
El conocimiento secreto de la magia
Magia oriental

Cuentos selectos y sus trasfondos
Cuentos del mundo

Una novela
Kara Kush

Trabajos sociológicos
La Inglaterra tenebrosa
Los nativos están inquietos
El manual de los ingleses

Traducidos por Idries Shah
Los cien cuentos de la sabiduría (El *Munaqib* de Aflaki)

CARAVANA DE SUEÑOS

Idries Shah

Aquí estamos, todos nosotros: en una caravana-sueño.
Una caravana, mas un sueño; un sueño, mas una caravana.
Y sabemos cuáles son los sueños.
En ello yace la esperanza.

Nuestro Maestro Bahaudin, *El Shah*

Puede que el perro ladre, pero la caravana avanza.

Proverbio

ISF PUBLISHING

PARA

Kashfi, Saira, Safia

Y

Tahir Shah

Las *Tradiciones del Profeta* fueron tomadas de las Colecciones Auténticas y los relatos tradicionales Sufis. *El cuento de la ciudad melón* de las fuentes orales de Afganistán. *Arrogantes y generosos* de un cuentacuentos de Khanabad. *Definiciones* de la Sabiduría del Mulá Do-Piaza. *Aventuras del Mulá Nasrudín* fue recopilado por el autor a partir de fuentes orales. *Viaje por el Mar Rojo* y *Peregrinaje a La Meca* provienen de *Destino: La Meca*, escrito por Idries Shah. *Hospitalidad* de leyenda oral. *El hombre, la serpiente y la piedra* se origina en recitales derviches. *Los mongoles*, tomado de Charlas de sobremesa, de Khoja Anis. *El caballo mágico*, de la Colección Sarmuni. *Dichos y proverbios* fue recopilado por el autor. *Bagdad* y *En España* provienen del libro *Declive y caída del imperio romano* de Gibbon. *El príncipe de las tinieblas* y *Engañando a la muerte* fueron contribuciones de Amina Ali-Shah; *Mushkil Gusha*, de cuentacuentos. Otros extractos sin atribución son originales o se los encuentra frecuentemente en recitales folklóricos.

Índice

Prefacio

En uno de los mejores cuentos de *Las noches árabes* (más conocido en español como *Las mil y una noches*), Maruf el zapatero se encontró ensoñando su propia fabulosa caravana de riquezas.*

Desamparado y casi sin amigos en una tierra extraña, Maruf primero concibió mentalmente – y luego describió – un cargamento increíblemente valioso dirigiéndose hacia él.

En vez de conducir al desenmascaramiento y la desgracia, esta idea fue la fundación de su éxito final. La caravana imaginada tomó forma, por un rato se volvió real... y llegó.

Que tu caravana de sueños también encuentre su camino hacia ti.

IDRIES SHAH

---

* Contado nuevamente en mi *Cuentos de los derviches*

Tradiciones del Profeta

Tradiciones del Profeta

A MUCHA GENTE le costará creer que, a pesar de que las palabras de virtualmente cada uno de los principales maestros de las ideas humanas están disponibles en una forma popular, no haya una colección general de las Tradiciones del Profeta Muhammad en inglés, ni en ninguna de las otras lenguas occidentales, más de 1300 años después de su época.*

Existen, por supuesto, varias colecciones legadas de Tradiciones en árabe y persa que representan una enorme labor en lo referido a su compilación, verificación y transmisión.

Las estadísticas registradas sobre el trabajo de notables tradicionistas son impresionantes, incluso bajo estándares modernos; más de ciento setenta de los eminentes tradicionistas del Islam fueron mujeres. Al realizar su colección autoritativa, el Imán Bokhari investigó personalmente y examinó, cotejándolas con los testimonios de testigos, la exactitud de 600.000 notas, de las cuales finalmente seleccionó apenas más de cinco mil tradiciones como incontestablemente correctas.

Ibn Rustam gastó el equivalente moderno de más de un cuarto de millón de libras esterlinas en investigaciones sobre la exactitud de las tradiciones; Abu Daud recopiló mil quinientos dichos genuinos tras veinte años de trabajo. Asim Ibn Ali fue un tradicionista de tal renombre que era conocido por tener clases de 120.000 estudiantes. La forma de analizar

---

* Esto era cierto cuando el libro fue publicado en su edición original: estos escritos no estuvieron disponibles hasta hace pocos años.

las tradiciones buscando su exactitud se convirtió en ciencia: solamente Ibn Jauzi escribió 250 libros sobre este tema.

La selección siguiente representa una muestra registrada por Baghawi de Herat, Afganistán – autor del *Mishkat*, reconocido como una obra referencial – y también por Tirmidhi, Rumi, Muslim, Bokhari y colecciones derviches en uso a lo largo de todo el Oriente.

DICHOS DEL PROFETA

Confianza
Confía en Dios, pero primero ata tu camello.

El mundo
Trata a este mundo como yo lo hago: como un viajero de a pie, como un jinete que se detiene un rato a la sombra de un árbol y luego prosigue su camino.

Objetos
Es tu apego a los objetos lo que te hace ciego y sordo.

Sueño
El sueño es el hermano de la muerte

Reflexión
Los fieles son espejos, unos para otros.

Mujeres
Las mujeres son la mitad gemela de los hombres.

Privacidad
Quien invade la privacidad de las personas, las corrompe.

Esposas
Una esposa virtuosa es el mejor tesoro que cualquier hombre puede tener.

Opresión
Cuando existe la opresión, incluso el pájaro muere en su nido.

Amor
¿Crees que amas a tu creador? Ama primero a tus semejantes.

Distribución
Dios es quien otorga; yo solamente soy un distribuidor.

Ayudando a otros
Les ordeno ayudar a cualquier persona oprimida, sea o no musulmana.

Monacato
No hay monjes en el Islam.

Los piadosos
Mi espalda ha sido rota por hombres "piadosos".

Maldiciendo
Me pides que maldiga a los infieles, mas no he sido enviado para maldecir.

Enseñanza
Una hora de enseñanza es mejor que una noche entera de oración.

Día y noche
La noche es larga: no la acortes con el sueño. El día es puro: no lo oscurezcas con fechorías.

Humildad
La humildad y la cortesía son en sí mismas una parte de la piedad.

Envidia
La envidia devora las buenas obras al igual que un fuego devora combustible.

Los sabios
Quienquiera que honre a los sabios, me honra a mí.

Pobreza
Mi pobreza es mi orgullo.

Muerte
Muere antes de tu muerte.

La lengua
Un hombre resbala más con su lengua que con sus pies.

Deseo
No desees el mundo, y Dios te amará. No desees lo que otros tienen, y ellos te amarán.

Orgullo y generosidad
El orgullo del linaje es realmente un interés en la propiedad. La generosidad es una clase de piedad.

Práctica
¿Quiénes son los sabios? Aquellos que ponen en práctica lo que saben.

Amabilidad
Quienquiera que no tenga amabilidad no tiene fe.

Príncipes y eruditos
El mejor príncipe es el que visita a los sabios. El peor de los eruditos es el que visita a príncipes.

Enojo
Me pides un consejo. Yo te digo: "No te enojes." Es fuerte quien puede contener la ira.

El juez
Un hombre que es nombrado juez ha sido asesinado sin cuchillo.

Lucha
El guerrero santo es aquel que lucha consigo mismo.

Tinta y sangre
La tinta de los sabios es más santa que la sangre de los mártires.

Contemplación
Una hora de contemplación es mejor que un año de adoración.

Comprensión
Háblale a cada uno según su grado de comprensión.

Alimento
Nadie ha comido mejor alimento que el ganado mediante su propio esfuerzo.

Trabajo
Yo soy un trabajador.

Acusaciones
Quien injurie a un hermano por un pecado no morirá sin antes haberlo cometido él mismo.

Paraíso
Les garantizaré el paraíso si evitan seis cosas: decir falsedades, violar promesas, deshonrar la confianza, ser impuros en pensamiento y acción, dar el primer golpe, tomar lo que es malo e ilegal.

Tareas
Quienquiera que haga de todas sus tareas una tarea, Dios lo ayudará en sus otros asuntos.

Poesía
En alguna poesía hay sabiduría.

Mentiras, promesas, confianza
No es de los míos quien miente, rompe una promesa o quiebra la confianza puesta en él.

Pensamientos
Los buenos pensamientos son una parte de la adoración.

Visión de los creyentes
Los creyentes ven con la luz de Dios.

Tipo de comportamiento
Soy como un hombre que ha prendido un fuego y todos los insectos se han precipitado para quemarse en él.

El Corán
El Corán ha sido revelado en siete formas. Cada verso tiene significado interno y externo.

Obligación de aprender
La búsqueda de conocimiento es obligatoria para todo musulmán.

Las jóvenes en el paraíso
Las viejas no entrarán al paraíso: primero serán transformadas en jóvenes y bellas.

Un viaje
En un viaje, el guía de un pueblo es su sirviente.

Reconocimiento
Las almas que se reconocen entre sí se congregan. Las que no, pelean unas con otras.

Verdad
Decir la verdad a los injustos es la mejor de las guerras santas.

Conocimiento
Viaja incluso hasta la China buscando conocimiento.

Llegará la época
Llegará la época en que estarán divididos en setenta y dos sectas. Un grupo entre ustedes será mi gente, la gente de la Salvación.

El legado
No tengo nada que dejarles excepto mi familia.

MOTIVOS

El Mensajero de Alá dijo:
Un mártir será traído ante Dios en el día de la resurrección y el hombre dirá: "Luché por tu causa, incluso hasta el martirio."
Dios dirá: "Eres un mentiroso. Luchaste para poder ser llamado héroe, y la gente así te *ha* denominado."
Será llevado al infierno.
Luego será traído un erudito del Corán y dirá: "Yo estudié y leí el Corán por amor a Ti."
Dios dirá: "Eres un mentiroso. Obtuviste erudición para que los hombres te llamasen erudito. Ellos te *han* denominado erudito."
Será llevado al infierno.
Entonces un hombre rico será traído y dirá: "He dado liberalmente para favorecer aquellas cuestiones con las cuales Tú deseabas que se fuese generoso."
Dios dirá: "Eres un mentiroso. Hiciste lo que hiciste para que los hombres te llamasen generoso. Ellos así te *han* denominado."
Será llevado al infierno.

Del Mishkat
El Mensajero se levantó respetuosamente al paso del féretro de un judío. Alguien dijo: "Es el cuerpo de un judío." El Profeta respondió: "¿Acaso no es un alma?"

Abu Musa registra
El Profeta dijo: "Alimenten al hambriento, visiten a aquellos que están enfermos, liberen a los cautivos."
Si alguien busca instrucción para discutir con los sabios o pleitear con los tontos o atraer la atención hacia sí mismo, Alá lo lanzará al infierno.

Los hombres vendrán de todas partes de este mundo para comprender la Fe. Cuando acudan a ti, dales consejos adecuados. Quien no tiene gentileza está desprovisto de bien.

Aisha relata
Cuando se le daba a elegir, el Mensajero siempre tomaba el menor de dos objetos.

El Emisario remendaba sus propias sandalias, hacía su propio trabajo, se comportaba en casa como cualquier otro.

Abdulla, hijo de Harith, afirma
Jamás he visto a alguien que sonriese más que el Enviado de Alá.

Anas testifica
Nunca vi a nadie más amable con los niños que el Mensajero de Dios.

Mu'ad recuerda
Las últimas palabras que tuve del Mensajero fueron: "Trata bien a la gente, Mu'ad."

PRIMERAS REVELACIONES DEL CORÁN

La primera comunicación del Mensajero fue una visión que tuvo en un sueño; fue como el fulgor del amanecer.

Solía ir a la cueva en el Monte Hira para orar durante días, hasta que el anhelo de ver a su familia llegaba a él. Llevaba comida cuando iba al Hira.

El ángel se dirigió a él y dijo: "¡Lee!", y él contestó: "¡No puedo leer!" Y esto sucedió varias veces, con el ángel presionándolo y repitiendo "Lee".

El ángel dijo:

"¡Lee en el Nombre de tu Señor, quien hizo al hombre de un coágulo. Lee, pues tu generosísimo Señor es Quien enseñó el uso de la pluma, Quien le enseñó al hombre lo que no sabía!"

El Mensajero regresó aterrorizado a su esposa Khadija y dijo: "Arrópame, arrópame."

Le contó lo que había sucedido y dijo: "Temo haber enloquecido."

Ella dijo: "¡No es así! Juro por Alá que jamás te traicionaré. Eres conocido por ser honesto y un portador de las cargas ajenas. Les das a los pobres, alimentas a invitados, trabajas contra la injusticia."

Khadija llevó al Mensajero ante Waraqa el cristiano, hijo de Naufal su primo, y dijo: "Escucha lo que tu sobrino ha dicho que vio."

Waraqa dijo: "Sobrino, ¿qué has visto?"

El Mensajero le dijo lo que había visto y Waraqa contestó: "Es el mismo mensaje que Dios envió a Moisés. ¡Si tan solo pudiese ser joven durante la época de tu misión profética! ¡Ojalá pudiese estar ahí cuando vengan a expulsarte!"

El Mensajero de Alá preguntó: "¿Entonces me expulsarán?"

Waraqa le dijo: "Lo harán. Ningún hombre ha jamás traído algo parecido a lo que tú has traído sin encontrar oposición. Si vivo durante tu misión, te ayudaré con toda mi energía."

LA DELEGACIÓN NECESITADA

Jarir relata:

Un día al amanecer yo estaba con otros en compañía del Mensajero. Un grupo de gente, oriunda de Mudar, se le acercó. Apenas tenían ropajes y sus espadas estaban colgadas sobre sus espaldas.

Al ver su pobreza, el Mensajero de Dios mostró enojo y entró a su casa.

Salió poco después y le ordenó a Bilal que hiciese el llamado a la oración.

Al terminar las devociones, el Profeta dijo en su sermón: "Teman a su Señor, gente, a Aquel que los creó a todos ustedes a partir de un alma. Dios los vigila... "Demos caridad, dinero, trigo, dátiles, incluso medio dátil." Uno de los Ayudantes trajo más dinero del que cabía en su mano. Luego vinieron personas con regalos hasta que hubo dos pilas de comida y ropa, y el rostro del Mensajero brillaba como si estuviera hecho de oro.

Dijo: "Si una persona empieza una buena tradición en el Islam, será recompensada por hacerlo; al igual que aquellos que lo copien serán recompensados de la misma manera. Y quienquiera que establezca un mal precedente en el Islam, soportará la carga de ello y de todos aquellos que lo sigan, sin que sus propias cargas se vean reducidas en modo alguno."

LA CARGA DE ALÍ

Alí el Califa reporta:

El embargo pagano sobre los creyentes en La Meca había alcanzado el punto de nuestro mayor sufrimiento. Los custodios paganos del santuario de Abraham no le permitían a nadie, incluyendo a mujeres y niños, comprar nada. En la ciudad no había quien se atreviese a siquiera darnos una gota de agua.

Sirvientes armados de los Quraysh vinieron a mi casa, cuando estábamos débiles, para llevarse al Mensajero.

Fui hacia la puerta, mientras comenzaban a entrar, con una larga tabla sobre mi cabeza y cubierto por una tela, y comencé a pasar entre ellos.

Uno de los soldados dijo:

"¿Qué tienes en tu cabeza, Alí?"

Contesté: "¡Sobre mi cabeza, al Profeta de Alá por supuesto, a quien han venido a matar!"

Rieron y entraron a la casa. Fue así como Alá preservó a su Mensajero y nos otorgó la bendición del Islam. Él yacía sobre la tabla apoyada en mi cabeza, cubierto por la tela.

OBSERVACIÓN

Un día el Profeta había estado hablando acerca de la manera en que la gente toma las cosas demasiado literalmente, sin tomarse la molestia de pensar.

Una mujer se presentó ante él y el Profeta le preguntó el nombre de su esposo.

Ella dijo: "Fulano de tal."

"Ah, ¿el hombre cuyos ojos son mayormente blancos?", preguntó Muhammad.

"Para nada", dijo la mujer, "mi esposo tiene ojos normales."

Cuando fue a su casa le contó a su marido que el Profeta la había confundido con la esposa de otro hombre.

"¿Pero no has notado", dijo el hombre, "que la mayor parte del globo ocular de cualquiera *es* blanca?"

AQUEL DÍA EN LA CUEVA

Abu Bakr reporta:

Durante la huida a Medina, estábamos escondidos en la cueva aquel día cuando los soldados que nos buscaban vinieron directamente hacia la entrada.

Yo le dije al Profeta: "¡Oh Mensajero de Alá! Si buscan en esta dirección, estamos perdidos."

Me contestó de inmediato: "¿Crees que solo somos dos, Abu Bakr? Un tercero está con nosotros; seremos salvados."

Me enseñó la Recitación Secreta.

Los buscadores qurayshitas caminaron hacia la boca de la cueva y estaban a punto de entrar.

Entonces escuchamos que, de repente, uno le decía al otro: "No pueden estar acá. Ves, hay una gran telaraña que cubre toda la entrada. Tendrían que haberla roto para entrar."

Se alejaron, jurando que nos capturarían y matarían.

Pero fuimos salvados. Continuamos el duro viaje hacia el norte a través del desierto.

LA PARÁBOLA DE LA LLUVIA

El Profeta Muhammad dijo que su conocimiento era como una fuerte lluvia cayendo sobre la tierra.

Una parte de la tierra recibió la lluvia y, a partir de esa nutrición y de lo que había en la tierra, produjo plantas y vida.

Otro trozo de tierra, no muy lejano, tomó el agua y la acumuló, poniéndola a disposición de la humanidad para que la bebiese.

Una tercera porción de la tierra ni aceptó el agua de lluvia para guardarla ni la absorbió para producir vegetación.

En la primera etapa, el suelo toma y también da.
En la segunda toma y da, mas no lo usa.
En la tercera, la tierra es inafectada por la lluvia:
ni la toma ni la usa ni la da.

EL HIJO DE UN CAMELLO

Un hombre acudió a Muhammad y le pidió un camello.
"Te daré la cría de un camello", dijo el Profeta.
"¿Cómo puede la cría de un camello soportar el peso de una persona enorme como yo?", preguntó el hombre.
"Muy fácilmente", dijo el Profeta: "Te concederé tu deseo y el mío. Toma este camello adulto... acaso no es la cría de un camello?"

CONOCIMIENTO

El Profeta dijo: "Habrá una época en que el conocimiento estará ausente."
Ziad, hijo de Labid, dijo: "¿Cómo puede ausentarse el conocimiento cuando repetimos el Corán y lo enseñamos a nuestros hijos y ellos se lo enseñarán a sus hijos hasta el día de la retribución?"
El Mensajero contestó: "Me asombras, Ziad, pues creí que eras el jefe de los ilustrados de Medina. ¿Acaso los judíos y los cristianos no leen la Torá y los Evangelios sin entender nada de su significado real?"

*   *   *

Él se rompería los dientes con una hoja de lechuga.
Proverbio

Para una hormiga, una llovizna es una lluvia torrencial.
Proverbio

Aventuras del Mulá
Nasrudín

Aventuras del Mulá Nasrudín

LECTURA INSTANTÁNEA

Cierto famoso faquir afirmaba en el pueblo que podía enseñar a leer a un analfabeto mediante una técnica relámpago. Nasrudín salió de entre la multitud. "Muy bien, enséñame... ahora."

El faquir tocó la frente del Mulá y dijo: "Ahora ve inmediatamente a casa y lee un libro."

Media hora más tarde, Nasrudín estaba de vuelta en el mercado con un libro en sus manos. El faquir se había marchado.

"¿Puedes leer ahora, Mulá?", le preguntó la gente.

"Sí, puedo leer, pero eso no es lo importante. ¿Dónde está ese charlatán?"

"¿Cómo puede ser un charlatán si ha logrado que leas sin aprender?"

"Porque este libro, que es de incontestable autoridad, dice: 'Todos los faquires son impostores'."

ESPOSAS

Nasrudín pertenecía a un club llamado "La Asamblea de aquellos que no temen a sus esposas".

Un día, el presidente dio comienzo a la sesión del modo usual, diciendo: "Oh, todos aquellos que no temen a sus esposas, siéntense."

Todos se sentaron, excepto el Mulá.

"¿Qué pasa, Nasrudín? ¿Le tienes miedo a tu esposa?"

"No le temo, pero no puedo sentarme. Anoche me pegó tal paliza que estoy lleno de moretones."

PRIMERO ASEGÚRATE

Nasrudín atravesaba un bosque cuando vio a Selim, otro aldeano, yaciendo en un calvero. Un león lo había atacado y se había llevado su cabeza.

Meditabundo, el Mulá regresó a la aldea.

Al pasar por la puerta de la casa de Selim, la esposa de este exclamó: "Nasrudín, hace rato que no veo a mi marido. ¿Supones que todo está bien con él?"

"Eso depende, señora", dijo Nasrudín, "de si él salió de casa con la cabeza puesta o sin ella."

OBVIO

"¿Cómo es tu casa por dentro?"

"Muy linda, Mulá, pero no entra la luz del sol."

"¿No hay algún lugar cercano al que le dé el sol?

"Sí, el jardín recibe muchísima."

"Entonces, ¿por qué no trasladas tu casa allí?"

ESPERA A QUE TE ALCANCE

Un día Nasrudín le estaba llevando a un necesitado un plato de comida. Un bromista grosero lo hizo tropezar y el Mulá perdió los estribos.

"¡Por ello", rugió, "te sucederá algo terrible!"

Esto alarmó al bromista, que tropezó con una piedra y se torció el tobillo. Autocompadeciéndose y también arrepentido ante semejante castigo inmediato, exclamó: "Lo lamento, Nasrudín... pero verás, he tenido mis merecidos."

"Para nada", contestó tranquilamente el Mulá, "esa debe haber sido una retribución por una de tus fechorías menores. Cuando *mi* maldición te alcance, no estarás en condiciones ni siquiera de disculparte."

DE ESPALDAS HACIA ADELANTE

"La gente razonable siempre ve las cosas de la misma forma", dijo un día el Khan de Samarcanda a Nasrudín.

"Ese es el problema con la gente 'razonable'", dijo el Mulá, "entre ellos hay al menos algunas personas que siempre ven solo una cosa cuando potencialmente hay dos posibilidades."

El Khan llamó a los adivinos y a los filósofos para que le explicasen esto, pero consideraron que Nasrudín estaba diciendo tonterías.

Al día siguiente, Nasrudín se paseó por el pueblo montado en un burro de tal modo que su rostro miraba hacia la cola del animal.

Cuando llegó al palacio donde el Khan estaba sentado con sus asesores, Nasrudín dijo:

"Por favor, ¿podría su Alteza preguntarle a estas personas qué es lo que acaban de ver?"

Cuando se les preguntó, todos dijeron: "Un hombre montado en un burro con la espalda mirando al frente."

"Ese es exactamente mi punto", dijo Nasrudín. "El problema con todos ellos es que no se dieron cuenta de que quizá era yo quien estaba en la posición correcta y el burro al revés."

EL HOMBRE RICO

"Cómo me gustaría ser verdaderamente acaudalado", dijo Nasrudín a sus compinches en la casa de té, "como por ejemplo Kara Mustafá, el gran señor, que lo tiene todo."

"Qué extraño que digas eso", dijo el alfarero, "pues hace unos pocos minutos el mismísimo Mustafá estaba en mi tienda diciendo cuánto le gustaría ser un hombre pobre y simple."

"¡Pero solamente lo dice porque ya es rico!", dijo Nasrudín; "tiene el deseo y también conoce el método para volverse pobre. ¡Yo únicamente tengo el deseo de ser rico!"

ENSÉÑANOS TU SABIDURÍA

Nasrudín llegó a una aldea que estaba lejos de su propio hogar y descubrió que su reputación como gran maestro lo había precedido.

Los aldeanos se juntaron y su vocero dijo:

"Enséñanos tu sabiduría, gran Nasrudín."

"Muy bien", dijo el Mulá, "pero en primer lugar permítanme sugerir algo útil para ustedes. ¿Les gustaría que esa antiestética colina que está al otro lado de la aldea fuese removida para que puedan disfrutar las frescas brisas que ahora interrumpe?"

Los aldeanos estuvieron encantados con la propuesta.

"Ahora", dijo Nasrudín, "tráiganme una cuerda lo suficientemente larga como para rodear la colina y que además sobre un poco."

Después de varios meses tejiendo, los aldeanos produjeron una soga.

"Coloquen la soga alrededor de la colina, levántenla y pónganla sobre mi espalda para que me la pueda llevar", dijo Nasrudín.

"Esto es ridículo", dijeron los aldeanos, "¿cómo esperas que levantemos una colina?"

"¿Cómo me la puedo llevar si no lo hacen?" preguntó Nasrudín.

"Es el mismo problema que cuando me piden que les enseñe mi sabiduría."

CÓMO GANAR

Nasrudín decidió establecerse como un hombre santo.

Eligió cierto pueblo y declaró en público que el sabio local era un ignorante. Prometió demostrarlo al día siguiente, en el mercado, con una sola pregunta.

El sabio, enfurecido, se presentó a la hora sugerida. Todo el pueblo acudió allí.

"Ahora le haré una pregunta a este caballero", dijo Nasrudín a la asamblea, "y si no la puede contestar, sabrán quién de nosotros es el tonto."

Volviéndose hacia el hombre santo, que era profundamente versado en la sagrada lengua árabe, dijo: "Dime, ¿qué significa 'Marafsh'?"

"No lo sé" dijo el sabio, traduciendo.

La gente lo echó por impostor.

Al ver a Nasrudín mientras andaba sobre el camino que lo conduciría fuera del pueblo, el santón dijo: "Me engañaste."

"¿Cuánto tiempo has sido el sabio residente en este pueblo?" preguntó el Mulá.

"Treinta años", balbuceó el sabio.

"¿Y la única sabiduría que le has enseñado a esta gente es cómo ser engañado?"

LA LEY ES LA LEY

Nasrudín estudiaba derecho bajo la guía de un tutor. Dado que no tenía dinero para pagar sus lecciones, el arreglo era que le pagaría los honorarios apenas ganase un caso.

Pero Nasrudín no ejerció como abogado.

El tutor llevó al Mulá a la corte.

Cuando la denuncia hubo sido escuchada, Nasrudín dijo: "Su señoría. Si gano el caso, argumentando que mi tutor no necesita ser pagado... él no obtendrá su dinero.

"Si, por otro lado, pierdo, no tendré que pagarle porque aún no habré ganado ningún caso... y no obtendrá su dinero."

"¿Qué otro resultado es posible?" preguntó el confundido juez.

"Caso cerrado", dijo el Mulá Nasrudín.

PERDIDO: UN BURRO

"¡Oh gente!" gritó Nasrudín, corriendo por las calles de su aldea, "sepan que he perdido mi burro. ¡Quien lo traiga de vuelta recibirá al burro como recompensa!"

"Debes de estar loco", dijeron algunos espectadores ante tal extraño evento.

"Para nada", dijo Nasrudín; "¿no saben que el placer que obtienes cuando encuentras algo perdido es mayor que la alegría de poseerlo?"

YO COMO...

Cuatro viajeros estaban sentados en un pequeño caravasar comiendo el alimento que habían traído para su viaje.

"Siempre como pasta de almendras y pasteles de semilla de cilantro con ciruelas azucaradas", dijo el rico mercader.

"Yo como avena y miel mezcladas con moras secas", dijo el soldado.

"Yo como requesón y pistachos con puré de albaricoque", dijo el erudito.

Habiendo dicho lo suyo, todos miraron a Nasrudín.

"Yo nunca como nada más que trigo, cuidadosamente mezclado con trigo, sal, agua y levadura, y luego horneado correctamente", dijo el Mulá, desenvolviendo un trozo de pan.

Viaje por el mar Rojo

Viaje por el mar Rojo

EL NUESTRO NO era un barco de peregrinos; por lo menos, no al principio. Suez aparentaba ser como la Suez que tan a menudo aparece: calurosa y polvorienta, construida sobre una especie de pendiente, agotadora para los pies como lo son las demandas de los taxistas locales al bolsillo. Profundamente marcada en aquel entonces en sus esperanzas como también en sus señales callejeras por una inconfundible presencia militar, la ciudad se sentía de alguna manera inquieta, melancólica.

Ahora yo era un peregrino rumbo al sur, a través del Canal y el Mar Rojo, con destino a Yedda, el puerto principal de Arabia Saudita.

Cuando vio mi visa, el oficial de pasaporte se encogió de hombros mirando a sus colegas de la aduana. Los peregrinos, según sus comentarios, nunca tenían bienes susceptibles de tasas aduaneras.

Me preguntaba, como siempre lo hago, por qué había tanta preocupación acerca de la gente que dejaba el país. Yo había pagado – y según creí, muy generosamente – por el privilegio de tener mi equipaje revisado al ingresar; pero ahí estaba, y el procedimiento usual tendría que ser realizado.

Es difícil decir si este ritual invariable es naif, amable o incluso laxo; pero el hecho de que había visto a veinte de mis futuros compañeros de viaje atravesarlo, significaba que yo estaba preparado.

Así, cuando el hombre de la aduana me miró fijamente con ojos penetrantes, no me sorprendió escuchar el exultante *¡Ajajá!* de su compañero, estratégicamente ubicado justo detrás de mí, ¡que parecía calculado para hacer que al supuesto contrabandista se le saliese el corazón por la boca del miedo y lo confesase todo!

Habiendo sobrevivido a esto, recorrí la pasarela que me depositó en una embarcación pequeña lo suficientemente limpia pero de alguna forma demasiado metálica para este sol abrasador. Cuando zarpamos pensé en esto, reflexioné que si sentía incomodidad ante el carácter inflexible de un barco de metal, cuánto más doloroso habría sido el arrepentimiento de la gente habituada al generoso movimiento de las paredes de madera con el lienzo blanco inflándose arriba.

Tanto el capitán como el inevitable ingeniero pelirrojo eran escoceses; la tripulación provenía de varias partes del Valle del Nilo. Los pasajeros parecían ser de cualquier país excepto de Egipto.

Apenas comenzamos a navegar, el llamado a la oración del mediodía resonó desde la tercera clase y el entrepuente, donde se sentaban los pacientes peregrinos. Un campesino turcomano en botas de fieltro (había prácticamente caminado desde Persia) estaba de pie mirando hacia La Meca, liderando a los fieles. Apenas tres, hasta entonces, estaban vestidos con el blanco del peregrino: Ahmed el somalí, su esposa y su hijo Abdullah de seis años. En nuestra propia cubierta, un Sheikh saudí, un agrónomo sirio y dos periodistas turcos ya se habían hecho amigos. Un norteamericano, con destino a Adén, leía a Sherlock Holmes y pedía té cada media hora. El incesante y borroso ritmo de la música árabe atormentaba cada rincón de la cubierta; los parlantes transmitían los programas radiales de El Cairo desde el alba hasta el anochecer.

Mientras surcábamos a través de la cadena de lagos conectados que formaban el Canal, dos días de navegación provocaron un cambio abrupto en el humor a bordo del barco. Era como su estuviésemos en otro mundo: todo acerca de El Cairo había sido olvidado. No había olores ni hordas repletas de curiosos y holgazanes; nada excepto el latido de los motores y los pájaros blancos volando en círculo sobre nosotros. Ahora estábamos a cuatro días de Yedda, esa ciudad por la cual algunos de nosotros habíamos caminado durante años para verla... y otros ahorrado durante todas sus vidas.

El primer evento inusual fue el abandono completo de toda distinción entre pasajeros de primera y tercera clase. Aunque pasaban la mayor parte del tiempo en su propio sector del barco, todos los pasajeros se mezclaban libremente con total amabilidad. Uno, acaso más piadoso que otros, logró convencer al oficial de radio para que dejase de pasar música. Los fieles se sentaban bajo toldos, oraban o leían libros.

Los viajeros occidentalizados de primera clase paseaban ahora por la cubierta en holgadas túnicas; el sirio aún regaba sus plantas cinco veces al día y se estaba dejando crecer la barba. Yo también dejé de afeitarme, pues habría sido descortés presentarse completamente afeitado ante el rey... si es que llegaba a ver al rey.

El norteamericano se quejó de que el puritano Sheikh saudí hubiese arrojado por la borda todos los naipes por ser "invenciones del diablo". Uno podría haber dicho – si esto no fuese una frase con asociaciones completamente irrelevantes – que estábamos volviendo a la normalidad. Este era el período de transición. Las pasajeras formaron un grupo propio, bajo la presidencia de la esposa de uno de los clérigos del santuario de La Meca que regresaba de una visita a su hermana en El Cairo. Ella las entrenó en las recitaciones y oraciones que serían usadas durante el peregrinaje y les habló del trabajo que estaba haciendo en asistencia social y también para el beneficio de los niños en la sureña provincia de Hejaz.

Yo parecía ser la persona con mejor comprensión del inglés y pronto el norteamericano se me pegó; me preguntó de forma bastante insistente acerca de los motivos de mi viaje, qué esperaba obtener del mismo y sobre las condiciones de vida en Arabia Saudita.

Finalmente el norteamericano me pidió que lo llevase a La
Meca. Según dijo, se le permitiría desembarcar en Yedda: esta
no era una cuidad prohibida. Una vez allí debería ser posible,
aunque no fácil, llegar a La Meca. Estaba dispuesto a pagar
todos los gastos; incluso estaba dispuesto a remunerarme por
mis molestias. Pero yo ya tenía suficientes problemas y le dije
que me gustaría hacerlo pero que, al estar de peregrinaje, no
podía participar en semejante engaño. ¿Era él musulmán? No.
"En ese caso, no te beneficiarías mucho por ir a La Meca",
le dije.

Pero quería ser el primer norteamericano en ir allí. Después
de todo, La Meca era mucho más impenetrable que el Tíbet.
Él lo sabía pues había estado en el Tíbet. "No tiene nada de
especial", me dijo.

¿Sería capaz de entrar si se convertía en musulmán? Le
dije que era posible pero que llevaría tiempo y perseverancia.
Podrían pasar años hasta que fuese lo suficientemente
confiable. Incluso entonces, un movimiento en falso podría
significar la muerte; ya había sucedido antes. Le recordé
que estos tiempos eran aún más difíciles que aquellos en los
cuales hombres como Burton lo lograron disfrazados. Hoy
tienes que atravesar la tormenta de *walkie-talkies*, tarjetas
de identidad y pasaportes de peregrino, además de tener que
saber los rituales y modos del Islam.

El suspenso, la excitación reprimida y el sentimiento de
una profunda experiencia venidera palpitaban en el corazón
de cada peregrino a medida que nos acercábamos a Yedda.
En la brillante dureza del tempranero albor matinal, Arabia
Saudita fue avistada.

Por primera vez, mientras los fieles vestidos de blanco se
alineaban contra la baranda, escuché el inmemorial canto
peregrino que sería repetido nuevamente unas mil veces
durante mi estadía allí: "*¡Labbayk, Allahuma, Labbayk!*"
("¡Aquí estamos, Oh Señor, aquí estamos!")

Resplandeciente en su blancura, forjada en coral más allá
de aquellos traicioneros arrecifes a través de los cuales los
barcos no pueden llegar a su muelle, Yedda nos llamaba; y
también La Meca, a solo ochenta kilómetros por el desierto
hacia el este.

Entre los vítores de la tripulación y el canto de la primera
sura del Corán ("La Apertura") nos subimos a pequeños
botes y fuimos transportados a los muelles donde anualmente
desembarcan más de cien mil musulmanes de Marruecos,
Java y de casi todos los países orientales.

Incluso antes de que hubiésemos alcanzado la orilla,
abundaban las llamativas evidencias de los contrastes en un
Oriente cambiante. Encaramados sobre una saliente coralina
dentro del puerto, los pescadores capturaban con cañas el
alimento que constituye la mayor parte de la dieta proteica
de los ciudadanos más pobres de Yedda.

Grandes carteles, escritos en árabe, indonesio y otra media
docena de idiomas, proclamaban: *Peregrinos, Arabia Saudita
les da la bienvenida*. Porteadores fornidos y bronceados,
luciendo trajes enfajados que no han cambiado desde la época
de Abraham, descargaban un barco pakistaní al compás de
la tradicional y evocadora saloma de su oficio. Apiladas en
altísimos montones, mercaderías de todo el mundo yacían
esperando la inspección aduanera en los enormes edificios
de hormigón que ya estaban en uso aun cuando los techos
no habían sido colocados. Este era apenas un síntoma de
la época de abundancia que las multimillonarias regalías
petroleras norteamericanas habían traído a Arabia.

El turcomano ya estaba llorando cuando arribamos y
hablaba de la arena metiéndose en sus ojos mientras nos
dábamos la mano para despedirnos.

Antes de que Ibn Saud conquistara este país, la península
estaba divida entre la austera parte norteña – Nejd – y esta,
la sureña y relajada Hejaz. Aún hoy, treinta años después, el

rey mantiene su capital en Riad – hacia el golfo pérsico – y las embajadas extranjeras acreditadas en Arabia Saudita deben permanecer por ley en Yedda, desperdigadas en sus elegantes mansiones alrededor de la curvada bahía interior.

Cada grupo de peregrinos se dirigió al abovedado Salón de Recepción de Peregrinos para el refrigerio, la identificación y la asignación de guías. Puse mis bolsos sobre el banco de la aduana y los abrí.

No había esperado ningún tratamiento especial; pero apenas presenté mi pasaporte, un sheikh de la Administración de Hospitalidad espléndidamente ataviado se hizo cargo de mí. Fui escoltado dentro de un moderno automóvil norteamericano y conducido rápidamente a través de las deslumbrantes y ultramodernas calles hasta el *Diafa*, los apartamentos para huéspedes del rey.

Ingresando a la fría vastedad del Salón de recepción, espesamente alfombrado, sentí cierto reparo en dar mi nombre completo al supervisor. Imaginé que esta figura vestida de blanco, que lucía la diadema hecha con pelo de camello de los beduinos, podría albergar algún tipo de antagonismo para con los descendientes del Profeta debido a motivos políticos. Yo sabía que los saudíes no permitirían ninguna clase privilegiada y esperé algún tipo de reacción adversa. Independientemente de cómo haya sido alguna vez, ya no era así.

Fui anunciado a la concurrencia allí reunida con muchos títulos pretenciosos. Rostros graves y barbados, cortésmente serenos, se levantaron y nos besamos las manos unos a otros.

Cuando llegué al medio de la herradura formada por sillones que conformaban la asamblea, un gigante anciano de barba roja notó mi titubeo. "Soy el doctor al mando de la cuarentena", me dijo con un dejo de Edimburgo en su excelente árabe. Como todos los extranjeros en Arabia Saudita, lucía la túnica blanca y el amarronado manto beduino tejido con pelo de camello kuwaití.

Más tarde me encontraría con muchos de tales hombres: ingenieros, doctores, científicos, procedentes del Reino Unido, Norteamérica, Checoslovaquia o Francia; ahora funcionarios saudíes y notablemente asentados en sus personajes adoptados, conocidos localmente como *Musta' Arabin* – los "arabizados" – al igual que Robert de Chester y Michael Scot eran conocidos como *Musta' Arabi* en la España mora de una época pretérita.

Pensándolo bien, es difícil decir por qué al principio uno debería sentir que este cambio es tan extraño. ¿Por qué debería darse por sentado que un árabe puede vivir en el Reino Unido como lo hacen los británicos y sin embargo lo opuesto aparenta ser tan inusual o difícil?

Envié un radiotelegrama a Riad para el rey, anunciando mi llegada y declarando que estaba listo para volar a la capital y rendirle homenaje después de realizar mis deberes esenciales de peregrinaje en la Ciudad Santa.

El nuevo edificio del correo, desde donde mandé este mensaje, fue una revelación. Las actuales construcciones árabes en Yedda están hechas con una mezcla de los estilos antiguos y occidentales, y equipadas con lo que parece ser una completa despreocupación por los costos. La calle Faisal (llamada así por el rey Faisal, previamente virrey de Hejaz) atraviesa el centro de la ciudad nueva llegando hasta los muelles; y al otro extremo de la ciudad se une a la Vía del Peregrino, el camino recientemente macadanado que conduce hacia La Meca misma.

Dominados a ambos lados por inmensas estructuras de concreto y acero – departamentos, bancos y edificios administrativos –, estilizados Cadillacs atraviesan trepidantes su extensa longitud. No encontrarás muchos lugares como Yedda en Medio Oriente. Sin embargo, a pesar de la casi desconcertante oferta de productos y máquinas occidentales, Yedda aún conserva mucho de esa cualidad indefinible que incluso los sociólogos no pueden analizar y que hoy debemos todavía denominarla como la magia de Oriente.

Vestido con mi túnica de algodón sin costuras, sandalias en los pies y la cabeza descubierta en una temperatura de 45 grados, me lancé a explorar la zona. Este es el atuendo obligatorio para todos los que vienen a hacer el peregrinaje. Nadie puede lucir seda o cualquier cosa que muestre distinciones sociales.

Los cafés cosmopolitas de la ciudad, aunque sirven refrescos occidentales como también el áspero café nejdi, no atienden a una clientela superficialmente occidentalizada. Si bien el beduino del desierto de mirada feroz y armado hasta los dientes sí llama la atención cuando se lo compara con su urbano compatriota más sofisticado, tanto el bien formado ingeniero de radio o técnico en petróleo árabes y el miembro de una tribu salvaje todavía continúan ajustándose a la tradición inmemorial: el código que solamente parece hacerse más fuerte con el aumento de la prosperidad. Esto probablemente se deba a que la familia real estableció la costumbre.

El tradicional turbante, atado con cordones entrelazados, y un voluminoso manto de pelo de camello se mantienen como su herencia común.

El advenimiento de los periódicos y las radios, en efecto, parecen haber aumentado en el árabe la innata apreciación de su propio estilo de vida; esta es una de las cosas más llamativas acerca de la actual Arabia Saudita. A diferencia de mucha gente proveniente de tierras orientales, los saudíes sienten realmente que están en un nivel de igualdad con todo el mundo. Es por ello que no imitan con mucho detalle a Occidente.

El rey Abdul-Aziz Ibn Saud, en su programa de modernización, tuvo que combatir la esperable y natural reticencia de las facciones más conservadoras a acoger gente y máquinas que no podían entender del todo. Justo después de la Primera Guerra Mundial, vale la pena recordar, una docena de naciones árabes estaban bajo gobierno colonial o cuasicolonial.

Por otro lado, el verdadero nómade del desierto siempre ha sido libre. Seguro en la salvajez de las arenas, siguiendo sendas del desierto solo conocidas por él, ha escapado ese miedo al intruso que acechó a los pobladores establecidos; y por lo tanto es de las filas de los beduinos de donde vienen los nuevos doctores, pilotos, mecánicos y técnicos del país.

Más allá de la embajada británica en Yedda yacen las antiguas mansiones que pertenecían a los príncipes mercantes, de múltiples pisos con sus enrejados delicadamente tallados en palo de rosa entreabiertos para capturar cualquier brisa fugitiva. Evidencias del rol vigorizante de las regalías del petróleo surgen desde cada costado, en todos lados. Jefes beduinos con ojos de lince manejan autos tan modernos que no he visto nada igual ni siquiera en El Cairo o Beirut. Aquí uno siente que el Oriente se encuentra con el Occidente, y los dos se mezclan. Puede que las ondeantes túnicas estén hechas de nylon. Automóviles ultramodernos son tapizados con antiguas alfombras persas de incalculable valor.

Extendiéndose de este a oeste y de norte a sur, y aún manteniendo su carácter triunfalmente, se encuentra el gran conjunto de puestos, representando innumerables oficios, conocido como el *suk*: el mercado que, según dice la tradición, estaba allí cuando los barcos del rey Salomón zarparon rumbo a la tierra de Punt; y donde una vez, trayendo el marfil de África para intercambiar por perfumes de Extremo Oriente, se detuvieron las caravanas de la reina de Saba.

Este mercado es verdaderamente oriental: una avenida de comercio a la vieja usanza, caótica, serpenteante y eminentemente colorida que acaso le parezca primitiva al ojo occidental. Pero aquí no solo puedes comprar los productos más finos de Birmingham y Detroit, sino también invaluables mercancías orientales. Estoy convencido de que no hay casi nada que no puedas comprar, examinar o pedir de cualquier taller del mundo a través del pintoresco *suk* de Yedda.

Compré algunas cosas, trabé amistad con algunos de los tenderos políglotas, nos contamos historias y bebimos innumerables tazas de té sin leche o café saborizado con cardamomo.

En la autopista Yedda-La Meca verás, a unos tres kilómetros saliendo de Yedda, un enorme palacio futurista a la vera del camino. Durante el día, banderas de tonos abigarrados flamean desde una especie de mástil montado sobre la torreta más alta. A la noche hay un incesante e incansable parpadeo de señales luminosas. Si has alquilado un auto, camión o una furgoneta, puede que tu chofer murmure cuando pase por este lugar: "¡Larga vida a Ba-Khashab Pasha y a todos sus hijos!", casi como si fuese una invocación; se detendrá para tener una conversación apurada con un árabe de aspecto formal en una ventana del muro del palacio. Al regresar esa misma noche a casa, cuando las luces titilantes sean visibles, bajará la intensidad de los faros de su vehículo como saludo. Día o noche, la organización de Ba-Khashab Pasha está intercambiando señales con su flota de automóviles.

Una vez Ba-Khashab fue un hombre humilde y ordinario, en algún lugar de la costa saudí, que intentaba ganarse la vida alquilando camellos. Hoy, con la enorme expansión del transporte y la demanda de vehículos de todo tipo, el Pasha (nadie sabe dónde consiguió el título, dado que no es uno saudí) ha llegado tan alto que podría darse todos los lujos… si no fuese el trabajador que es. Es petiso, de mediana edad, ágil, risueño y agradable; y cuando fui a verlo me preguntó qué posibilidades había de que su hijo ingresara en Eton o en Oxford. Su caso podría multiplicarse por cientos a lo largo de casi toda la península arábiga. Una nueva clase de árabes ha madurado: el contratista, el gran agricultor, el industrial. Es cierto que algunos sheikhs y la vieja aristocracia también se han beneficiado con la nueva prosperidad. Pero los dos grupos no se mezclan nunca, aunque tengan una función vital en la Arabia actual. "Ve al norte, a los campos petrolíferos de Dhahran, si quieres ver acción", dijo Ba-Khashab. "Esos norteamericanos ciertamente son trabajadores. ¿Y por qué son exitosos? Porque sin saberlo han aplicado los principios del Islam, del Profeta, que dijo: '¡Me considero un trabajador!'"

Un norteamericano, con quien hablé poco después, me dio su versión del asunto. "El típico árabe está aprendiendo ciertamente rápido. Seguro que es trabajador. El modo de vida norteamericano ha calado muy profundamente."

Así que puedes elegir. La verdad yazca probablemente en algún punto entre los extremos. Al árabe no le gusta trabajar sin saber que será recompensado; y debe serlo, si es posible, con algo que realmente valga la pena. Es, en un sentido, un capitalista natural. La palabra que usa para "paga" es "mi derecho".

Cuando los norteamericanos vinieron a los campos saudíes, no solo ofrecieron sustanciosas regalías incluso antes de que el primer pozo hubiese sido perforado: suministraron una clara esperanza de que no solo el gobierno se beneficiaría de un porcentaje de todo el petróleo extraído, sino que habría empleo y oportunidades para compañías locales. Entonces sí, árabes y norteamericanos podían hacer negocios.

Los norteamericanos eran – y aún son – extremadamente sensibles acerca de su posición en Arabia Saudita. A cada uno de los 12.000 empleados extranjeros de la Arabian-American Company* se lo educa, entrena e instruye en los principios de la fe islámica y las sutilezas de las costumbres árabes. Entre ellos, a ningún norteamericano se le ocurriría aventurarse en lugares donde la compañía petrolífera no tuviese derecho a estar; e incluso entonces vive luciendo sus túnicas y su turbante, como un árabe nativo del desierto. Los norteamericanos están en una posición ventajosa. De Dhahran y los desiertos aledaños se extraen un millón de barriles de petróleo *diarios*. La *Aramco* está sentada, tal como se me dijo, "justo arriba del campo petrolífero más grande del mundo."

El haber establecido esta cabeza de puente en la severa zona wahabita de Arabia debe ser contada como una de las mayores victorias del comercio occidental. Acaso podría decirse, desde el punto de vista del capitalismo puro, que ha sido una victoria trabajosa; aunque no estoy sugiriendo que los norteamericanos sientan que hayan tenido que dar demasiado. Lo que sí puedo decir es que *Aramco* es una organización mediante la cual las ganancias del petróleo de las arenas ha resultado en un reparto de los beneficios entre árabes y norteamericanos por igual. Los norteamericanos han construido la gran mezquita que es la atracción dominante del campo petrolífero saudí. Han perforado profundos pozos de agua en cientos de lugares para proveer de sustento vital a camellos y personas. Tienen su propio programa de entrenamiento técnico para saudíes, hospitales, clínicas, tiendas, misiones agricultoras y demás. Si bien es cierto que un gran número de empleados extranjeros están en Dhahran, nadie sugiere que se contrate a un extranjero si hay un saudí

* Hoy, la compañía es 100% saudí y es popularmente conocida como *Saudi Aramco* o *Aramco*.

que pueda hacer el trabajo. Incluso la compañía ha ayudado a que se establezcan contratistas locales, para luego ser patrocinados por Aramco.

Mientras que muchos de los emprendimientos que han resultado en una nueva prosperidad para la península saudí es directamente atribuible al espíritu y a la obstinada determinación de los norteamericanos, puede decirse que definitivamente la enorme personalidad de Abdul-Aziz Ibn Saud ha sido el poder detrás de casi todo lo que se ha logrado durante los últimos treinta años.

Para poder entender esto completamente, será necesario hacer una referencia a la posición de Arabia en un mundo cambiante.

Según la tradición árabe, el primer hogar de la humanidad fue en algún lugar de la península. Algunos señalan a Adén como el lugar del Jardín del Edén; otros, que la supuesta tumba de Eva está no lejos de Yedda. También se cree que la Kaaba de La Meca fue primero construida por el mismo Adán, basada en un modelo de una casa de adoración en el Paraíso que los ángeles circunvalaban incesantemente alabando a su Señor.

Además, los árabes de hoy afirman ser descendientes de Abraham a través de Ismael quien, sostienen, era el hijo ofrecido por el patriarca a Dios. Abraham reconstruyó la Kaaba, el sagrado santuario de Arabia, como muestra de arrepentimiento por haber expulsado a Agar al desierto. De ahí la santidad del pozo de Agar en el santuario: el Zamzam, el cual se cree que es el mismo manantial que Dios hizo surgir para socorro de Agar.

Es, por supuesto, bien sabido que tanto los árabes como los judíos son de origen semítico y que sus lenguajes derivan de una raíz similar. A primera vista, es probable que en tiempos pretéritos los árabes hayan seguido las costumbres religiosas hebreas.

Sin embargo, mientras que los judíos mantenían su monoteísmo en mayor o menor medida, los árabes cayeron durante las errancias tribales a través del desierto en una teología basada en un grupo de dioses. Estos tomaron dos formas: las deidades principales representaban al sol, la luna y los planetas; mientras que los menores eran tótems que protegían a tribus individuales.

La santidad de La Meca permaneció en sus observancias y el santuario (*Haram*) se convirtió en el hogar de 300 ídolos. Los ritos de peregrinaje, adaptados a la adoración de los dioses, continuaron ininterrumpidamente.

Este fue el período de la *Jahiliyya* ("Días de ignorancia"), que existieron hasta el siglo séptimo de la era cristiana cuando Muhammad predicó un regreso al monoteísmo.

Muhammad era, como es bien sabido, un miembro del clan más noble de los árabes, el Quraish, que eran los guardianes del santuario en el *Haram*. Fue en las montañas cerca de La Meca donde los primeros capítulos del Corán (literalmente "La Recitación") fueron revelados a Muhammad, tal como creen los musulmanes, por el arcángel Gabriel.

Según este mandato, a Muhammad se le ordenó guiar a la gente fuera de la ignorancia, decirles que adoraran a un solo Dios y que siguiesen el código de moralidad y la ley: lo cual, dice el Islam, ha sido llevado a cabo a través de sucesivos profetas; "Cada nación ha tenido su Exhortador" es el dicho. Es por ello que al Islam, que significa "sumisión a la voluntad de Dios", no se la considera una religión nueva. Según el Corán es la manifestación moderna de la predicación de Moisés y Jesús. Así el Islam reconoce a la religión judía, al igual que lo hace el cristianismo, pero también acepta a Jesús, a quien los judíos no aceptan, bajo el estricto fundamento de que era un *hombre* inspirado divinamente y no un ser divino.

Todo esto tiene una influencia definitiva en la historia árabe y mundial tras la misión de Muhammad.

Después de las persecuciones y dificultades comunes a todos los grandes maestros religiosos, Muhammad descubrió que su predicación finalmente había convertido a casi toda Arabia; pero el Islam era para todo el mundo: esto es fundamental. Entonces debía ser esparcido. Cuando murió, Muhammad justo había completado su intercambio de cartas con gobernadores vecinos, solicitándoles que aceptaran al Islam.

Bajo los sucesores inmediatos de Muhammad, las tribus árabes – unificadas por primera vez en la historia – manaron desde los desiertos y conquistaron todo el norte de África hasta el Atlántico, todo el sacro imperio romano y lo que actualmente es Turquía, Irán y Afganistán. Bajo dinastías sucesivas, el Islam se convirtió en la fuerza más poderosa sobre la tierra. Los musulmanes llegaron hasta las fronteras de Francia y Austria, se adentraron en lo profundo de China, dominaron a toda la India, marcharon sobre las estepas rusas. Durante muchos cientos de años los centros islámicos de enseñanza recuperaron y desarrollaron ciencias perdidas, y se convirtieron en polos de atracción para buscadores de conocimiento en todas partes. Para entonces el Islam se había vuelto una civilización mixta como también una religión y un tipo de orden social. Con el ingreso de los elementos persas, indios y europeos se había producido una síntesis. Durante 1.000 años, científicos, místicos y artistas fueron siempre capaces de encontrar algún rincón permisivo dentro del mundo del Islam en el cual trabajar.

Luego vino la destrucción de la fuerza militar y cultural del nuevo estado mundial. La irrupción de las hordas de mongoles paganos desde Asia Central demolió a los musulmanes, hundiéndolos en su propia sangre y bajo las ruinas de sus ciudades, granjas y universidades. El Islam nunca se ha recuperado del todo de este golpe. Es cierto que al final los mongoles aceptaron al Islam, pero fue tanto lo que se perdió que revivirlo llevó casi ochocientos años.

Arabia Saudita se vio sometida por la Turquía otomana. Aislados en sus bastiones desérticos, a los beduinos apenas los afectaba lo que sucedía en el mundo; pero cuidaron su herencia: la posesión del Corán y el conocimiento de que su poder se había extendido desde España hasta China bajo la protección árabe y musulmana.

Los turcos fueron expulsados de Arabia gracias a una alianza entre los beduinos, los árabes del Hejaz y los británicos, en cuya rebelión T.E. Lawrence desempeñó un rol importante.

Pero la zona norteña, hogar de los wahabíes, nunca había estado realmente bajo control efectivo de los turcos. Incluso antes de la primera guerra mundial, los Saud – la familia de Ibn Saud – estaban trabajando y luchando para retomar el control de Nejd, su antigua patria.

En 1902, el veinteañero Abdul-Aziz Ibn Saud había capturado el norteño fuerte de Riad. Los descendientes del Profeta, que eran gobernadores nominales de La Meca en el sur y habían cooperado con los británicos para liberarse del yugo turco, tuvieron que irse y establecieron sus propios reinos pequeños en Irak y Transjordania. Saud se hizo virtualmente dueño de toda la península arábiga.

En el primer período de la reorganización del país pacificó a las tribus bajo el estandarte de Saud el Grande. Luego el "decadente" sur fue severamente castigado y todas las "extravagancias" fueron suprimidas. Por ejemplo, las cúpulas y minaretes fueron allanados por ser importaciones foráneas al espíritu simple del Islam. Aunque era un amigo del rey, mi padre fue bastoneado en la calle por encender un cigarrillo.

Pero Ibn Saud no podía seguir avanzando con sus grandes planes de desarrollo y mejoramiento de la vida de siete millones de árabes sin contar con más dinero del que cualquier árabe podría concebir en aquel entonces. Durante casi veinte años Arabia Saudita dependía únicamente de los derechos aduaneros y los pocos millones de dólares que cada año los peregrinos traían para sus gastos.

Entonces, en 1933, el rey Abdul-Aziz acordó con compañías norteamericanas para que hicieran perforaciones buscando petróleo. Un veterano de aquellos días me dijo que los geólogos estaban convencidos de que aquí, en algún lugar del salvaje y hostil territorio wahabí, yacía el depósito más grande del mundo. Pero localizarlo les llevó cinco años de perforaciones al azar. Después de esto, Arabia Saudita nunca tuvo que mirar hacia atrás.

Arabia era noticia de tapa. En los días inmediatamente previos a la segunda guerra mundial, alemanes, italianos e incluso los japoneses peleaban por petróleo y concesiones comerciales. Los reportes indicaban que el Reino Unido y Estados Unidos estaban enfrentados porque, según se decía, el Reino Unido consideraba que debía tener una mayor participación en el negocio petrolero. Ibn Saud resistió todo. Durante la última guerra fue uno de los pocos estadistas neutrales que apoyó consistentemente la causa aliada.

Cuando Vichy mantuvo a Siria bajo un incómodo dominio pro-Eje y Rashid Ali el-Gailani encabezó la revuelta en Irak, todo parecía perdido para las Naciones Unidas. Ibn Saud, tal como se me dijo en Riad, pudo fácilmente haber puesto su suerte en manos de los alemanes y hubiese tenido muy poco que perder. Privados de su petróleo, las flotas británicas, norteamericanas y la marina mercante habrían quedado paralizadas en esta parte del mundo. Los japoneses hubiesen podido establecer un lazo con los alemanes a través de la costa árabe, haciendo que la ruta de Suez entre la India y Europa fuese completamente imposible. Irán habría sido fácilmente rodeada. Incluso si los alemanes hubiesen ganado la guerra, los árabes creen que es tal el valor de los campos petrolíferos en Dhahran y otras locaciones en Nejd que podrían haber negociado una paz basada en la seguridad de los pozos pues, más allá de lo fuertes que puedan ser los norteamericanos en esta zona, ni una gota puede ser bombeada sin la activa amistad árabe. Esta cooperación solo podía suceder por medio del régimen saudí; pero Saud había dado su palabra.

Este resumen de la historia árabe ha apenas dado cuenta de los hitos. La historia de vida de Ibn Saud, por ejemplo, es uno de los clásicos relatos del mundo acerca de un hombre batallando contra dificultades que, mientras las lees, parecen demenciales.

Igualmente, el hecho de que la familia real saudí sea fabulosamente acaudalada no significa que se hayan enriquecido con el petróleo a costa de los demás. Es completamente al revés.

Visualiza la posición de Arabia Saudita en 1938 cuando estaban entrando las primeras regalías. Aquí estaba un país casi tan desfavorecido como cualquier otro en el mundo. No había caminos, casi sin electricidad, sin aviones, fábricas, industrias, bancos, seguros, seguridad pública, moneda nacional, higiene, alcantarillado. Había solamente un periódico y ni una estación de radio. La educación recaía sobre clérigos viejos – y por lo general ciegos – que les enseñaban a los niños el Corán de memoria. No había materiales de construcción disponibles excepto barro y un poco de madera. ¿Dónde empezarías? Había solo una forma de hacerlo: Ibn Saud lo compró todo él mismo.

Se rodeó de todo el talento que pudo encontrar. La mayoría de esos hombres aún estaban con él cuando realicé esta visita y tuve el privilegio de conocerlos. Estaba el sheikh Abdullah el-Fadhl, el cerebro financiero; el sheikh Hafiz Wahba, el astuto diplomático egipcio; el sheikh Abdullah Sulaiman, del norte, a cargo de los asuntos económicos; y Fuad Bey Hamza, el sirio, quien llevó adelante al país durante muchas crisis.

Al aconsejar a Rashid Ali que no iniciase acción militar alguna contra el Reino Unido, está registrado que Saud dijo: "... soy un amigo incondicional del Reino Unido, habiendo heredado esta amistad de mi abuelo, Faisal Ibn Turki. Cuando un amigo está bajo presión, entonces, por el bien de la amistad, uno no actúa en contra de él. Personalmente, si tuviese el suficiente armamento habría acudido en ayuda del Reino Unido y no actuado contra él. A excepción del asunto de Palestina, el Reino Unido no hizo nada contra los intereses árabes y la guerra actual es una de vida o muerte. Entonces nuestro deber, si somos incapaces de ayudar al Reino Unido, es ser neutrales. Esto es lo mínimo que puedo hacer."

Aunque finalmente el rey Ibn Saud le declaró la guerra a Alemania y Japón, no permitió que ello afectara en absoluto el ancestral código de hospitalidad árabe y musulmana. A aquellos árabes que habían apoyado a las potencias del eje durante la segunda guerra mundial y acudido a él en busca de asilo, huyendo de los aliados, se les concedió protección incondicionalmente...

Cuando después de ver al rey regresé a Yedda desde Riad, se me comentó extraoficialmente algo que había ocurrido justo antes de que viese a Su Majestad.

A alguien se le había ocurrido la idea de que yo era un espía de cierto tipo y este rumor había llegado a los oídos del rey. Ibn Saud le rugió a su informante frente a toda su corte: "¡Este es nuestro invitado! Si es un espía, ¡déjenlo espiar! No será capaz de combatir la fuerza de nuestra fe, que es lo más poderoso que tenemos; y si no es un espía, tal como yo creo, entonces Alá te castigará con todo Su poderío, ¡pues no hay piedad para los intrigantes!"

Pero yo no sabía de los susurros que me habían precedido a la corte y continué mis preparaciones para viajar rumbo a La Meca, hacia el santuario de la Piedra Negra.

*   *   *

¿Acaso quieres el huevo y también el omelet?

Proverbio

Los muertos dependen de los vivos.

Proverbio

Peregrinaje a La Meca

Peregrinaje a La Meca

LA CIUDAD ESTABA llena de alborotados peregrinos: viejos y jóvenes, hombres y mujeres, blancos, amarillos y negros. Abarrotaban las partes nuevas y viejas de la ciudad, buscando provisiones para el viaje hacia La Meca, organizando transporte a la Ciudad Sagrada, esperando amigos con quienes habían acordado encontrarse en La Meca acaso hace años y a miles de kilómetros de distancia.

Aunque un gran número de peregrinos marche rumbo al sur hacia La Meca por la austera ruta a través del desierto de Nejd, la mayoría entra en Arabia Saudita por Yedda, sea por mar o gracias al nuevo e impresionante aeropuerto. La transformación que toda esta gente experimenta apenas llegan al país sagrado tiene que ser vista para creerse. Hay un dicho de que la peregrinación hace mejor a un buen hombre; pero que a un mal hombre lo puede hacer mejor o peor. Cualquiera que sea la verdad de esto, no cabe ninguna duda de que una fuerte emoción, sin parangón con nada de lo que uno haya sentido previamente, fascina incluso a los musulmanes más occidentalizados cuando ponen un pie sobre suelo "secular" – o la arena – de Yedda.

Además de los vuelos regulares de *Saudi Arabian Airlines* y otros arribos programados, el aeropuerto de Yedda recibe una infinidad de vuelos chárter desde la India, Pakistán y otros países árabes, incluso de la lejana Indonesia.

La atmósfera real de la ciudad difiere poco respecto a la de muchas otras ciudades de cierta importancia en el Medio Oriente. El mismo sol feroz está aquí, azotando a una mezcla de edificios modernos hechos de acero y concreto, entremezclados con aquellos de tipo turco y árabe del Mar Rojo. Cafés con terraza, casas de cambio, vendedores de golosinas y refrescos: todos están aquí. Sin embargo, hay una población no musulmana más pequeña que en la mayoría de las ciudades árabes. Una parte de la ciudad contiene las magníficas embajadas y consulados.

Es entre los peregrinos que existe el extraño sentimiento supramundano. Después de que hubo pasado la primera excitación del ansiado arribo al suelo saudí, hice el juramento formal – *niia* – que todo peregrino realiza y me sentí aislado de una forma particular del resto de la humanidad. Cosas como el hábito de fumar, el preocuparme de qué habría de suceder dentro de una hora o incluso mis planes futuros: todo parecía difuminarse en una agradabilísima insignificancia.

Dejé de escribir mi diario y me sentí casi impelido, por un sentido de comunidad con cientos de miles de compañeros en túnicas blancas, a leer y recitar pasajes de escritos islámicos. Uno sentía la necesidad de comunión con una fuerza más poderosa y vasta que la humanidad. Aunque una y otra vez se ha dicho que la mente humana necesita una especie de intermediario – sea un hombre, un palo, una piedra, un ídolo o una imagen – para concentrarse en la divinidad (ni qué hablar de comprenderla), nosotros, los peregrinos rumbo a La Meca, no sentíamos tal necesidad.

No estábamos allí para adorar a la Kaaba o la Piedra Negra. No adorábamos a ningún hombre ni dispensábamos derechos divinos o un carácter divino a nada excepto a un poder que no podíamos visualizar y que no queríamos ni esperábamos poder ver. Sin embargo, en todos nosotros había un sentimiento de alegría y una excitación subyacente pues estábamos a punto de conseguir algo por lo cual todos habíamos trabajado: llegar a un lugar que era preciado para nuestros corazones. Estábamos al borde de la plenitud. Eso era lo que esperábamos; y esa era la naturaleza de la sensación que todos experimentamos cuando finalmente llegamos a La Meca Sagrada.

Traté de encontrar a todos mis compañeros de peregrinaje, de distintos orígenes sociales y de otro tipo. Sería difícil nombrar a un grupo étnico, una clase social o casi cualquier otro grupo que no estuviese representado. Además de las grandes multitudes procedentes de la India, Pakistán e Indonesia (de donde viene la mayoría de los peregrinos extranjeros), "coleccioné" kurdos, bosnios, hadendowas, tayikos y japoneses. Algunos habían sido judíos, otros eran antiguos cristianos; también conocí a un excomunista que había entablado una gran amistad con un hombre de negocios indio extremadamente rico que provenía de Kenia.

Con nuestras sandalias y nuevas túnicas blancas exploramos las fascinantes callejuelas de la parte antigua de la ciudad, discutiendo teología e historia islámica, e intercambiando historias de nuestras vidas. Durante estas discusiones, mientras esperábamos que se organizase nuestro transporte hacia La Meca, pude observar con cierto detalle el cambio que estas personas habían experimentado a partir de su llegada, apenas unas horas o días antes, desde los más distantes confines del mundo.

Por lo que contaban acerca de sus vidas pude deducir que algunos de ellos, no hace tanto, habían formado parte de ese grupo completamente tedioso de intelectuales parladores de Medio Oriente que saben poco de un montón de cosas y que tienen que derramarlo todo apenas son capaces de ponerlo en palabras... cosa que no les lleva mucho tiempo. Ahora, dedicados a realizar la visita a La Meca y lapidar a los antiguos ídolos del norte, hablaban y actuaban con una razonabilidad que estoy seguro habría sorprendido incluso a sus propias familias.

Había por lo menos tres acaudalados empresarios: uno de Mombasa, otro con intereses textiles en Bombay, el tercero era un propietario de barcos proveniente de Dacca. De razas e idiomas diferentes, conversaban en inglés. Estoy convencido de que, en cualquier situación de negocio, sus mentes agudísimas habrían obtenido un acuerdo que ninguna persona normal podría jamás igualar. Tenían ese acicalado aspecto próspero con lentes de carey, que en todo lugar es la estampa del magnate. Dos de ellos habían llegado en sus aviones privados. Sin embargo aquí, en la apacible noche de Yedda mientras estábamos sentados al borde de la curva bahía interior, sus pensamientos y reacciones no eran diferentes de aquellos de los gentiles sirvientes incultos que habían traído con ellos y cuyas tareas compartían.

Esta transformación por sí sola es, en mi opinión, una de las maravillas del peregrinaje. Aunque debo admitir que no estaban con un espíritu crítico, me impresionó mucho su franqueza y calma. En ningún momento percibí ni una sugerencia hipócrita o ni una regresión a los asuntos mundanos que deben haber reclamado su atención diaria por más de veinte años.

Casi tan pronto como descendían sobre Yedda, los peregrinos marchaban hacia La Meca: a la Ciudad Santa rumbo al este. Como una espumante ola emergente, el mar de la humanidad continuaba yendo hacia adelante. Descalzos y cargando paquetes, montados en mulas y burros, posados bajo toldos armados sobre camellos, marchaban los fieles más pobres y los más anticuados. Camiones y autobuses, cada uno repleto de peregrinos y más peregrinos, y flamantes automóviles norteamericanos monopolizaban el centro de la carretera, transformando a la negra ruta macadamada en un colorido alivio en movimiento. Desde la devota muchedumbre de humanidad dedicada vino el rugido que parecía surcar la resplandeciente bruma de calor con una fuerza casi física: "*¡Labbayk, Allahumma: Llabayk!*" "¡Aquí estamos, Oh Señor, en Tu presencia!"

Mientras mi automóvil pasaba los principescos palacios oro y verde que se extendían más allá del centro de Yedda, la emoción del sonido y el movimiento de esa multitud casi increíble me sujetaban con una fuerza creciente. Multitudes de devotos con túnicas blancas y cabezas afeitadas pasaban estruendosamente. Había varios cientos de soldados cantando al unísono, sus voces incisivas ahogaban por momentos a la letanía descoordinada de los transeúntes: "¡*Labbayk, Allahumma, Labbayk!*

¡Labbayk, la sharikalak: labbayk! ¡Inna al-hamda, wa anniamata-la-ka w'al mulk! La sharikalak!"

Sentí brotar la sangre en mi cabeza mientras las palabras acentuadas se apoderaban de mi consciencia, por así decirlo, en una sujeción hipnótica: "¡Aquí estamos, Oh Señor, en Tu presencia! ¡Aquí estamos, aquí estamos... nadie es como Tú... ciertamente toda alabanza... todo poder es Tuyo: ¡Tú no tienes socio!" La indivisibilidad absoluta y la posesión de todo el poder son, según el Islam, atributos supremos que solamente pertenecen a Alá.

Mientras pasaban los camiones noté sobre sus costados la espada y la palmera: el emblema de Arabia Saudita; y bajo él está el lema, en letra árabe cursiva: "No hay Dios sino Alá, (y) Muhammad (es) el Mensajero de Alá."

Como aletargado contraste al movimiento intenso a lo largo de la carretera llega el interminable flujo blanco de los devotos caminantes, hombres y mujeres, niños y nodrizas, guías y sirvientes. ¿Por qué caminan? Muchos son pobres; sin embargo, la mayoría marcha estos últimos ochenta kilómetros hacia La Meca bien para cumplir una promesa o porque sienten que el ingresar en la Ciudad Sagrada a pie, tal como lo hizo Muhammad hace casi mil cuatrocientos años, va unido a una mayor humildad y devoción. Aunque era un conquistador, él caminó así con los Cuatro Compañeros hacia el santuario de Abraham para allí demoler a los más de trescientos ídolos y establecer la adoración de solo un Dios entre la gente de esta tierra.

Extendiéndose en la lejanía de cada horizonte más allá del camino, las ondulantes dunas formadas por la finísima arena amarronada son lo único que se puede divisar durante la mayor parte de este inhóspito y agotador viaje. Muy de vez en cuando hay una beduina que guía su camello hacia un pozo. Monótona es la única palabra para describir la planicie sobre la cual nos estábamos moviendo. Nada se destacaba en el desierto para recordarnos de los siglos transcurridos desde que Arabia había producido un hombre que iría a convertirse en el inspirador de cientos de millones. Bien podíamos haber sido proyectados al pasado, a los mismísimos días de la Misión.

A medida que mis facultadas comenzaban a agudizarse repentinamente, me volví consciente de la sorprendente variedad fisonómica entre la creciente muchedumbre. Uniformes en sus sábanas *ahram* sin costuras, los hombres con un hombro descubierto, casi parecía no haber dos personas que se pareciesen entre sí. Rubios y fornidos sirios y anatolios de tipo campero marchaban junto a pastunes de las montañas de narices aguileñas y largo cabello enrulado. Miembros de tribus sudanesas, de rasgos finamente esculpidos y marcas en las mejillas denotando su origen, avanzaban junto a los indios regordetes de rostro redondo, obviamente más acostumbrados a actividades sedentarias. Un javanés de apenas metro y medio de estatura era empequeñecido por una espigada mujer de cabello cobrizo que estaba pasando las noventa y nueve cuentas de un rosario ámbar pálido. Toda indicación de rango o distinción, manifestación de arrogancia o egoísmo, cada rastro de individualidad mezquina, había desaparecido.

Esta era una colección de gente como la que Hollywood jamás habría imaginado que se podía conseguir. Devotamente ansiosos a medida que indudablemente estaban por llegar a La Meca, no eran ni una chusma ni una azarosa reunión de compañeros de viaje; esto era evidente por su comportamiento. Si alguien tambaleaba, sus compañeros paraban y le daban una mano. No hubo un pánico descontrolado cuando volcó un camión y desparramó a sus cien ocupantes sobre los pacientes y afanosos caminantes. Aquellos que rodearon inmediatamente al vehículo se detuvieron y levantaron a los magullados. Nadie parecía estar herido de gravedad. Quienes venían detrás apenas hicieron un pequeño desvío sin abarrotar el lugar para ver la escena. La calma, bajo cualquier otra circunstancia o en cualquier otro lugar, habría parecido artificial. Aquí no le di más que un instante de mi atención.

Este camino es absolutamente de primera clase y se mantiene libre de arena por el incesante tráfico motorizado, pues no hay trenes en el sur de Arabia Saudita: aunque la vieja línea del norte (que fue destrozada por los árabes de T.E. Lawrence) está siendo actualmente examinada con vistas a ser puesta otra vez en funcionamiento.

Continuamos hacia adelante, pasando la interminable columna de humanidad, mientras la carretera trepaba abruptamente hacia las colinas manchadas de hierro más allá de las cuales yace la Ciudad Santa. Esta parte escarpada fue literalmente tallada en las rocas por topadoras que aún continúan trabajando en algunas zonas de la carretera.

El auto asciende a través de estos estrechos y retorcidos desfiladeros artificiales mientras algo como una breve ráfaga de viento delicioso parece moverse rápidamente para dejarnos atrás. De repente, después de una curva, surge un cartel escrito en árabe e inglés:

ALTO
ÁREA RESTRINGIDA. SOLO SE PERMITEN
MUSULMANES MÁS ALLÁ DE ESTE PUNTO

Los guardias saudíes, algunos portando las varas de caña típicas de Nejd y otros abrazando armas automáticas, se acercan para inspeccionar nuestras credenciales. Hombres pequeños y nervudos, su porte marcial es realzado por el uniforme caqui y la verde *kufiyya* árabe.

Organizar transporte, guías y mil y un servicios para hasta un millón de peregrinos es una tarea hercúlea llevada a cabo por la Administración del Peregrinaje sin contratiempo alguno. Los asuntos de identidad, documentación y cuarentena están tan bien atendidos que sentí un alivio enorme de no estar intentando pasar por este y otros puestos bajo falsas pretensiones. Se ha dicho que no-musulmanes han penetrado en La Meca sin ser detectados. Antes de creerlo, debería entrevistar personalmente a tal individuo. No es difícil obtener detalles casi completos del peregrinaje para luego escribirlo como si fuese una experiencia propia; pero dudo de que alguien que no sea musulmán haya de hecho realizado el peregrinaje desde la época de Burton. Si bien digo que es posible que un impostor lo haya hecho, estoy bien seguro de que hoy las dificultades son muchísimo mayores de lo que eran durante los tiempos de soberanía turca. Arabia Saudita tiene a su disposición todos los métodos modernos de control y detección, y los usa.

Esto no quiere decir que "una cantidad sorprendentemente grande" no lo haya intentado, tal como me comentó un oficial de policía...

Después de este punto, a casi veintitrés kilómetros de la ciudad, las ruinas de fuertes turcos abandonados parecen rumiar en el abrasador silencio desértico. Estas fortalezas fueron erigidas por los otomanos como un intento de combatir la amenaza bandolera: pero fue necesaria la áspera y presta justicia de Ibn Saud para arrancar de raíz el bandidaje en Hejaz. Hasta que el Napoleón de Arabia tomó el control, bandas de ladrones solían abalanzarse sobre caravanas de peregrinos, saqueando y matando. La realización del *haj* era frecuentemente considerada una empresa tan peligrosa que, antes de partir rumbo a Arabia, los peregrinos hacían sus testamentos y decían un último adiós a sus familias. Sin embargo, dado que el peregrinaje es uno de los cinco pilares esenciales del Islam, su realización es obligatoria para todos los creyentes. Los otros cuatro pilares son la oración, el ayuno durante el día en el mes de Ramadán, el testimonio de la unidad de Dios y la misión profética de Muhammad, y el dar limosna.

Dentro de la zona prohibida, donde ninguna vida – incluso la de un animal – puede ser quitada, nos detuvimos para recitar las oraciones de agradecimiento.

Cerca del lugar donde otro de los fuertes turcos se desmorona ruinosamente en el olvido, el rey había erigido un refugio y un pozo para los fieles polvorientos. Este fue construido por las manos del mismísimo Ibn Saud, mientras que ahora otros están ubicados a intervalos regulares sobre la carretera.

Continuamos nuestra marcha. Ahora no podía estar lejos. Había una tensión visible en cada rostro mientras rebasábamos grupo tras grupo de caminantes figuras fatigosas que pasaban las cuentas de sus rosarios o recitaban pasajes del Corán, al cual muchos lo saben de memoria en su totalidad.

De repente, mientras acelerábamos a través de las rocas ígneas multicolores mas de apariencia austera, el panorama deslumbrantemente blanco de La Meca apareció ante la vista, extendida allí abajo y rodeada por sus siete colinas. El auto perdió velocidad cuando de los labios del conductor salía nuevamente esa alegre e involuntaria exclamación, repetida por cada peregrino: "¡Aquí estamos, Oh Señor!"

Así que esta era La Meca. Construidas en una hondonada, rodeadas por adustos riscos, las casas de varios pisos tienen desde lejos una apariencia extrañamente moderna; mas la impresión completa de la ciudad de piedra blanca contra la oscuridad surcada de los riscos tiene, ante los ojos del peregrino, una cierta cualidad intoxicante.

Recuerdo claramente mirar las casas, las amplias calles, las persianas de madera tallada y pensar: "Aquí estoy. No importa lo que pase, he visto La Meca. He llegado a La Meca. Esto es La Meca, la Ciudad..."

De haber estado a pie, estoy seguro de que me habría echado a correr y tirado sobre la arena y hecho alguna especie de demostración de alegría. El conductor había detenido el automóvil y estaba recitando el primer capítulo del Corán: "*La apertura*".

Miré hacia atrás para ver el efecto que La Meca iba teniendo sobre los otros peregrinos cuando la vislumbraban por primera vez. Puede que fuese debido al cansancio o a cualquier otra razón: pero la reacción inevitable al ver La Meca era que el peregrino se paraba en seco... quedaba petrificado. Al principio había en cada rostro una mirada de casi escepticismo. Luego surgía in crescendo el grito: "¡No hay Dios sino Alá, Muhammad es el Profeta de Alá!"

Resonaba y retumbaba a través de la creciente oscuridad: no era un canto ni una canción, ambas prohibidas por la austera actitud del Islam contra toda expresión exagerada en la religión. Era más como una exclamación de admiración, de esperanza, de realización... *LA ILLAHA ILLA ALLAH: MUHAMMAD AR RASUL ALLAH...*

Este es el *Tauhid*, la confesión de fe: el primer pilar del Islam. Esta es la frase que debería ser el primer sonido escuchado por cada bebé musulmán recién nacido, la sentencia que identifica a un musulmán ante otro, el "contrato" cuya repetición establece el momento de conversión de una persona a la fe. Es parte del llamado a la oración a lo largo del mundo del Islam y una parte de cada oración privada o congregacional. Es el lema de la casa de Saud, el grito de guerra de los Rif, de los turcos, los árabes, los afganos. Es también una de las frases que es usada en casi toda ocasión, desde un casamiento a un nacimiento y hasta la muerte. Se supone que todo musulmán muere con estas palabras en sus labios...

Mientras la ordenada masa de humanidad surgía a borbotones y pasaba nuestro auto, ahora estacionado, el conductor pisó el embrague y partimos rumbo a la última etapa de un viaje que para todos nosotros había comenzado, en un sentido religioso, el día en que nacimos.

El agua abundante, perforada con la ayuda de maquinaria moderna, ha impactado considerablemente en la apariencia de la ciudad.

Hace dos décadas apenas había un solo ejemplar de vegetación en La Meca. Este era "El árbol", y en aquel entonces a la gente se la llevaba a ver esta maravilla. Hoy hay jardines y palmares por todos lados. Por lo general los occidentales, y aquellos que vienen de tierras más verdes, no valoran el agua. Piensa acerca de la bendición invaluable que es en el árido Oriente. No resulta extraño que, dándose cuenta de su valor, el árabe del desierto deje caer una gotas del precioso fluido sobre la arena antes de saciar su sed, murmurando: "Deja que el suelo beba... ¡pues es mucho más importante que yo!"

Aún hoy, solamente uno entre mil musulmanes se las arregla cada año para llegar a La Meca; y menos de uno cada diez (en promedio) puede llegar allí durante su vida, a pesar de que el peregrinaje y la visita a la Casa de Alá son una obligación para todos.

Después de una inspección final a nuestros certificados, se nos permitió entrar a la ciudad sagrada. Por todos lados había señales del progreso moderno: la construcción parecía ser casi la industria principal. El espacio disponible se está haciendo tan limitado, que las nuevas villas son construidas cada vez más alto sobre las colinas circundantes, las cuales de hecho sobresalen en algunos lugares proyectándose sobre las calles en forma de afloramiento escabroso.

Justo en el corazón de la ciudad se erige el principal lugar sagrado del Islam: la gran mezquita y el santuario de la Kaaba. Rodeado por muros enormes, este lugar está custodiado por feroces y vigilantes guerreros wahabíes. El vasto terreno está rodeado por imponentes minaretes desde los cuales se realiza la llamada a la oración, hoy en día transmitida por amplificadores a cada rincón del sagrado recinto. Al menos diecinueve portales arqueados, suntuosamente adornados con coloridos diseños geométricos, atraviesan las paredes del *Haram*: el santuario. Alrededor de los muchos cientos de metros de muralla circundante fluyen citas del Corán plasmadas en impecable caligrafía. La fotografía o la realización de cualquier tipo de retratos está absolutamente prohibido por la ley wahabí en esta zona sagrada.

Una vez dentro, a través de una de esos portales, el devoto se quita los zapatos y camina, ataviado solamente con su única sábana de algodón, hacia la imponente Kaaba envuelta en negro: el cubo, que está en el centro del Santuario. En sí misma, el área santificada es un rectángulo vasto y sin techo, rodeado en sus lados internos por columnatas arqueadas con la apariencia de claustros. Amplios senderos de mármol blanco se extienden radialmente desde la Kaaba hacia las diferentes puertas.

Aunque no hay sacerdocio en el Islam, la enorme cantidad de peregrinos extranjeros que llegan aquí sin un conocimiento de las oraciones habituales y los deberes, ha hecho necesaria la institución de guías seculares, conocidos como *Mutawwifin*. Esto significa, "Aquellos que a uno le ayudan a girar". Muchos son trabajadores voluntarios y todos ellos son lingüistas consumados. Se dice que hay mil de estos guías, quienes conducen a los peregrinos en grupos organizados por nacionalidad a través de las ceremonias. Muchos son mercaderes pudientes con cierta inclinación piadosa.

Llegué a La Meca de noche y tendría que esperar hasta la mañana para ver al *Mutawwif* afgano que habría de ser mi guía. Sin embargo, antes de comenzar el ritual de peregrinación en la Kaaba, decidí visitar el santuario.

Atravesé caminando el mercado cubierto y brillantemente iluminado que se extiende a lo largo de uno de los muros externos del recinto de la Kaaba, hasta el portal donde están ubicadas las tiendas de los libreros. Mientras me acercaba a la entrada, el creciente murmullo de miles de voces repitiendo sus oraciones se desvaneció en mi consciencia cuando vislumbré, alejado más allá de una hilera de pilares imponentes, el cubo de granito envuelto en negro realzado en brillante relieve contra su entorno de mármol.

La luz eléctrica ha reemplazado a las viejas lámparas de aceite del *Haram*. Incluso en su brusca brillantez, el inmenso rectángulo conservaba esa cualidad mágica de misterio y fascinación ultraterrenal que tan a menudo ha sido descrita por peregrinos.

Asombrado me detuve; mis sentidos casi conmovidos, yo por cierto profundamente afectado. Un grupo de peregrinos recién llegados, liderados por su *Mutawwif*, me pasaron y lentamente rumbearon hacia el cubo por la senda de mármol. Pronto se habían mezclado con las incesantes figuras que ya estaban haciendo la circunvalación levógira del lugar más sagrado del Islam.

Caminé hacia esta *Qibla*, el punto hacia el cual todo musulmán se vuelve cinco veces al día para sus oraciones. Dado que aún yo no estaba lo suficientemente instruido en las observancias para unirme a las ceremonias, me ubiqué en una posición reverente a unos diez metros del cubo para decir las dos oraciones habituales de agradecimiento.

Es tal la extensión pasmosa del santuario, que este, el objetivo del corazón de cada peregrino, parecía el lugar menos abarrotado de La Sagrada Meca. Alejados, a mi derecha, había unos doscientos peregrinos africanos que estaban haciendo sus reverencias hacia la Kaaba; sin embargo, parecían ocupar apenas una parte infinitesimal del recinto.

Cerca de la Kaaba está el "Lugar de Abraham", donde supuestamente el patriarca se paraba para decir sus oraciones. Antiguamente, cada una de las cuatro escuelas tradicionales del Islam tenía su propio lugar de oración, detrás de los cuales se colocaban los seguidores Hanafi, Hambali, Maliki o Shafai, según fuese el caso. Desde que los puritanos wahabíes se hicieron cargo de La Meca, estas distinciones han sido abolidas; aunque las construcciones (más bien pequeños arcos) siguen en pie.

Unos pocos metros más adelante está el Zamzam: el pozo sagrado que se cree que se originó con el manantial que surgió milagrosamente para saciar la sed de Agar y su hijo en el desierto.* Todos los peregrinos beben este agua. Algunos remojan la punta de su túnica *Ahram* en ella, en el evento que sea utilizada como mortaja. Día y noche estos lugares, como las puertas, son patrulladas por los guardias saudíes con sus bastones, alertas ante posibles infracciones del decoro habitual.

No había señal alguna de las numerosísimas palomas que abarrotan el santuario durante el día. Una cosa particular acerca de ellas es que nunca profanan la cubierta de la Kaaba, incluso cuando un movimiento entre los peregrinos a menudo hace que revoloteen por sobre sus cabezas. Tampoco, pude observarlo más tarde una y otra vez, se posan sobre el cubo mismo, aunque de vez en cuando los senderos, la

---

* Génesis XXI, 19.

arena, el cobertizo del pozo y los toldos están todos cubiertos de pájaros que posan pavoneándose. Estas peculiaridades han sido notadas durante siglos. Fui tan incapaz como mis predecesores de encontrar una causa para este inusual comportamiento de los pájaros.

Apenas un grupo de peregrinos se alejaba de la Kaaba, otro tomaba su lugar. Día y noche a lo largo de los años, los fieles están siempre atravesando este circuito, caminando incesantemente alrededor de la Kaaba, haciendo súplicas especiales, entonando las oraciones apropiadas, besando la Piedra Negra que está ubicada en la parte baja de la esquina sureste.

Muchos – si no todos – de los residentes de la ciudad vienen aquí en algún momento durante el día para realizar esta ceremonia llamada *Tawaf*.

Incrustada en un engaste de plata dentro de la matriz granítica de la Kaaba está la famosa Piedra Negra. Su historia es interesante, pero generalmente incomprendida por quienes no son musulmanes. Aún hoy, orientalistas occidentales confunden la Kaaba con la Piedra.

La piedra es besada por todos los fieles después de la séptima vuelta al cubo. Cada vez que la pasa, el peregrino levanta sus manos, con las palmas hacia arriba, extendiéndolas hacia ella. Esta atención que se le dispensa a la Piedra no es un acto de fe o adoración, sino debido a que es la única reliquia superviviente que ha sido tocada por el profeta Muhammad y porque supuestamente fue arrojada desde el Cielo como un signo para Adán. Se dice que su origen es meteórico, pero estoy completamente convencido de lo contrario.

En primer lugar no es negra, tal como pude ver más tarde a la luz del día, sino más bien del color y apariencia del ámbar oscuro. Toqué la superficie, que claramente no es pétrea ni metálica; diría que está compuesta de una sustancia completamente desconocida que podría reconocer otra vez pero que no puedo describir mediante analogía. Parece tener características perceptibles que desafían una definición pero que dejan una impresión distintiva en el ojo y las manos. Uno reconocería esta sustancia si se la encontrase otra vez.

El profusamente bordado *Kiswa* (manto negro de seda que cubre la Kaaba) está cortado en la esquina de la Piedra Negra para facilitar el acceso al lugar. El engaste de plata mismo tiene un acabado extremadamente inusual y una forma de tazón invertido con un gran agujero circular dentro del cual uno tiene que poner la cabeza para besar la Piedra. En el centro hay un hueco de varios centímetros de profundidad, producido en la piedra por los besos de millones de peregrinos.

Hay una historia que se remonta a la época de Muhammad, la cual supuestamente registra uno de los primeros indicios de su sabiduría. Cuando era un niño, hubo una disputa entre los cuatro clanes más importantes de La Meca para ver cuál debía tener el honor de nombrar a un jefe que volviese a poner la Piedra en el lugar del cual había sido quitada durante unas reparaciones en la Kaaba. Los ánimos se caldearon y finalmente – según la entonces invariable costumbre de consultar presagios – se acordó que la primera persona que entrase al santuario desde afuera sería aceptado como juez.

Resulta que esta persona fue el joven Muhammad. Cuando le informaron de la disputa, se preveía que favorecería al candidato de su propia tribu, los Quraish. En cambio, aconsejó que un jefe de cada tribu debía tomar una punta de una pesada tela sobre la cual se depositaría la piedra, para que pudiesen compartir la tarea equitativamente. El propio Muhammad levantó la Piedra y la colocó sobre la tela, para prevenir cualquier complicación en lo referido a quién le correspondía el derecho de realizar esta tarea.

Esta historia es una de aquellas que muestran que la importancia de la Piedra es anterior a la época de Muhammad; pero la piedra no pudo haber sido uno de los trescientos ídolos que Muhammad destruyó posteriormente, dado que no se le habría permitido dejar que sobreviviese ni siquiera uno: él mismo prohibió cualquier cosa que oliese a idolatría y está registrado que durante los primeros días del Islam, cuando la destrucción de ídolos estaba de moda, sus contemporáneos eran del tipo de figuras que habrían amargamente impugnado cualquier debilitamiento de la iconoclasia literal e intransigente. El peregrinaje a La Meca era ya una parte establecida del deber religioso árabe mucho antes de Muhammad. La etimología del nombre de la ciudad se origina en una antigua palabra para "sagrado" y parece probable que en efecto este lugar estuviese íntimamente conectado con sucesos fundamentales de la religión semítica en tiempos de los cuales no tenemos registros históricos en el sentido moderno.

Muhammad no afirmó ser el fundador de una nueva religión. Según la creencia musulmana, él simplemente restauró el severo monoteísmo que le fue revelado a la humanidad a través de una serie de profetas, de los cuales Jesús fue uno de los más importantes. Esto explica, para los musulmanes, por qué ciertas prácticas de tiempos preislámicos fueron conservadas; y la misma explicación está implícita en el Corán. Por otro lado, estudiosos hostiles (o indolentes) de la religión afirman que el Islam fue desarrollado a partir del judaísmo y del cristianismo, conservando una cierta cantidad de religión puramente árabe. No hace falta decir que ninguno de estos argumentos es susceptible de comprobación, aunque no pensarías eso si leyeses la mayoría de los relatos escritos por profanos basados en generalidades del Islam.

Los ritos exactos del peregrinaje son estos: está la visita a la Kaaba y su circunvalación. Luego viene un circuito séptuple, que se hace descalzo, entre dos puntos conocidos como Safa y Marwa, que se dice que son las tumbas de Agar e Ismael. En un día determinado, todos los peregrinos

IDRIES SHAH

parten rumbo a un lugar llamado Mina, a unos pocos kilómetros de La Meca, para allí lanzar piedras a tres pilares que representan demonios. Se ora en el monte Arafat y un animal es sacrificado en conmemoración de la ofrenda de Abraham. Entonces se rapa la cabeza del peregrino y hay un festival de tres días dedicado a una vida nueva y más pura. Cualquiera que complete estas observancias tiene derecho a ser llamado *Haji* y por lo general descubre que es venerado en su comunidad nativa. En algunos países, aquellos que han hecho el peregrinaje usan un turbante verde u otra indicación de esta distinción.

Atravesando las abarrotadas calles regresé a mi hotel, "El hotel de la tranquilidad y el confort", donde se habían preparado apartamentos para los huéspedes oficiales. Construido en un estilo muy similar al morisco, su equipamiento y atmósfera eran completamente encantadores. Sirvientes y empleadores comían enormes porciones de arroz y carne en la misma mesa; de hecho, durante todo el tiempo que estuve allí, el comedor tenía el aspecto de un continuo festín enteramente democrático.

Mi habitación daba a un exuberante jardín de palmeras, más allá del cual podía ver la majestuosa altura de la residencia del ministro de economía nacional. Pasé unos minutos en meditación en el balcón enrejado.

El *Mutawwif* de los afganos me convocó temprano por la mañana. Nos guiaría a mí y a varias otras personas a través de las ceremonias de la Kaaba y Safa-Marwa. Alto, de barba gris, luciendo una túnica blanca y un turbante atado a la usanza afgana, fue recibido con gran respeto por todos: desde el gerente y otros funcionarios, hasta el joven encargado del café.

Vistiendo una pieza de algodón sin costura alrededor de la parte inferior de nuestros cuerpos, con una segunda sábana similar (del tamaño de una toalla grande de baño)

68

sobre un hombro, caminamos nuevamente hacia el santuario repitiendo después del *Mutawwif* el juramento que habíamos hecho de completar la peregrinación, y varias otras oraciones. Yo llevaba puestos – como los otros – un par de sandalias con el talón y el empeine descubiertos. El atuendo está diseñado para indicar decoro y humildad. Ninguna otra ropa o joyas pueden ser usadas. En tiempos preislámicos, los peregrinos árabes realizaban el circuito de la Kaaba completamente desnudos.

Ingresamos al santuario a través de la Puerta de Ali (yerno y sucesor de Muhammad) y atravesamos el recinto, abrasado por el sol, rumbo a la esquina de la Kaaba donde está la Piedra Negra, lugar en el cual comienza el *Tawaf* (circunvalación). Uno por uno nos agachamos para besar la Piedra Negra. Luego, siguiendo al guía, comenzamos a girar levógiramente alrededor del cubo. Las primeras tres vueltas alrededor de la Kaaba se hacen corriendo, seguidas de cuatro vueltas caminando. La explicación de esto es que Muhammad y su pequeño grupo de seguidores, aunque estaban exhaustos, corrían alrededor de La Meca antes de que finalmente fuesen autorizados por los hostiles Quraish a realizar sus devociones allí. De esta forma intentaron mostrar su determinación y resistencia.

Cada vez que pasábamos la Piedra Negra, la besábamos. Cuando la presión para besar o tocar la Piedra era demasiado grande, los peregrinos levantaban sus manos, las palmas extendiéndose hacia ella, en un gesto similar al que se usa cuando se calientan las manos ante el fuego. Sea subjetiva o no, en esos momentos se experimenta una sensación de cosquilleo en las manos.

Aunque había un buen número de mujeres entre los grupos de peregrinos, la mayoría eran hombres. El atuendo de peregrinaje de las mujeres difiere del de los hombres, estando compuesto de un largo vestido blanco que cubre el cuerpo y los brazos pero que deja el rostro descubierto. A las mujeres no se les permite usar velos en el santuario. El uso del velo por parte de las mujeres, que se convertiría en una costumbre musulmana en la mayoría de los países islámicos, fue de hecho copiado de comunidades cristianas en Siria por los musulmanes durante sus conquistas en ese país. Sin embargo, era conocido en Arabia ya que algunas mujeres de las clases más altas lo usaban y por ende portaba un indicio de arrogancia que está prohibido durante el peregrinaje. En la práctica actual, mientras las mujeres de ciudad usan velo, las del desierto no. Medias blancas y guantes completan el vestuario femenino de peregrinación. El cabello debe estar cubierto. De paso, es interesante notar (ya que la supresión del velo es todo un tema para los movimientos feministas en el Oriente moderno) que ni en el Corán ni en las Tradiciones de Muhammad hay una prescripción clara a los efectos de que las mujeres deban usar velo. El pasaje coránico citado en defensa de la reclusión, en realidad ordena que las mujeres creyentes observen el decoro y la modestia.

Besando finalmente la Piedra, fuimos hacia el "Lugar de oración de Abraham" para realizar otro rezo de agradecimiento. Es en este momento que todo devoto hace su súplica personal, pidiéndole a Alá aquello que está más cercano a su corazón.

Se dice que Abraham estuvo de pie en este lugar cuando estaba reconstruyendo la Kaaba (que según la leyenda fue erigida por el propio Adán, basada en la Kaaba que está en el Paraíso). Luego unos niños, elegidos para este honor entre las familias más nobles, trajeron agua del sagrado pozo Zamzam. Mientras tragaba el líquido de la grabada copa metálica, noté que tenía un ligero gusto ácido; pero ciertamente no era amargo o salobre, tal como se lo ha descrito en diversas ocasiones.

Después de esta parte de las ceremonias, los peregrinos deben esperar hasta el octavo día del mes de Dhul-Hijja para comenzar su viaje hacia Mina y Arafat.

Los rituales en la Ciudad Santa se completan con la carrera entre las dos pequeñas colinas de Safa y Marwa, cuyo recorrido sigue a uno de los muros exteriores del *Haram*. Luego dejamos el *Haram* y fuimos al punto de partida del recorrido. Después de repetir el Testimonio de la Unidad de Dios (el Tauhid), entonado por nuestro *Mutawwif*, nos unimos a la multitud de peregrinos que corrían entre los dos puntos. A un lado yacía el poderoso muro del *Haram* y del otro había tiendas dedicadas en su mayoría a vender ítems tales como los rosarios blancos y negros, los cuales son reliquias muy preciadas del *Hajj*. Pagas lo que puedes. Si no tienes dinero, el comerciante te dará uno gratis.

Una vez finalizada la ceremonia del *Sayy*, los peregrinos regresan a sus alojamientos o al santuario para esperar el octavo día del Dhul-Hijja y la expedición a Mina y Arafat.

La noche previa a la marcha hacia Arafat, el espacio rectangular del santuario presenta el espectáculo más impresionante que uno jamás podría ver. Aquí, cientos de miles de peregrinos se juntan para un rezo final. Vistas desde una de las muchas casas altas que dan al recinto de la Kaaba, fila tras fila de devotos agachándose y poniéndose nuevamente de pie, inclinándose desde cada costado hacia la Kaaba, presentan una exhibición de adoración concentrada que indudablemente no tiene parangón en ningún otro lado.

La misma impresión es otra vez inspirada por la Visita del Adiós, que ocurre al regresar de Arafat y el Sacrificio. Durante esta última ceremonia, la atmósfera está cargada con una emoción eléctrica. Dentro de muy poco tiempo – acaso unas horas, ciertamente no más de uno o dos días – el peregrino estará volviendo a enfrentar los asuntos mundanos, de vuelta a la realidad y a una vida cuya verdadera existencia aquí parece tener muy poca realidad. Hay, simultáneamente, una cierta tristeza y también júbilo. Ambas sensaciones tocan fibras íntimas durante mucho tiempo después, acaso de por vida; yo ciertamente aún las siento.

La expedición a Arafat es la parte más complicada y ritualística del peregrinaje. Los devotos comienzan a abandonar la ciudad para encarar la caminata de ocho kilómetros hacia Mina durante el octavo día del mes sagrado. Este éxodo es aún más impresionante que la entrada a La Meca, pues esta vez todos y cada uno de los peregrinos están presentes. La inmensidad de la muchedumbre no se parece a nada que yo haya visto o escuchado con anterioridad. Prácticamente cada ser humano de La Meca también está ahí. Las tiendas están cerradas, las calles desiertas. Parece como si la raza humana toda estuviese en movimiento. La noche del octavo al noveno día del mes se pasa acampando. Visualiza a un millón de personas en el desierto, bajo lonas y todas en el mismo lugar: ¿puedes? Es un espectáculo que agobia los sentidos, para que estos sean capaces de percibir solamente los hechos pequeños, individuales, contra la absoluta inmensidad de lo que está sucediendo.

Al día siguiente la multitud parte, recorriendo otros dieciséis kilómetros, hacia el Monte Arafat y acampa en la planicie alrededor de la montaña. En algún lugar, vistiendo su blanco peregrino, sin protección y muy a menudo irreconocible, está entre ellos el Rey de Arabia Saudita, Protector de los Lugares Sagrados.

Se dicen rezos en la cima de la montaña siguiendo el precedente establecido por el Profeta en su Peregrinaje de Despedida, hecho después de una premonición justo antes de su muerte. Luego tres pilares de piedra (los "demonios") son lapidados, emulando a Abraham cuando hizo huir al demonio que intentó tentarlo aquí, tal como lo cuenta la tradición.

El décimo día del mes es el día del sacrificio, cuando cada peregrino debe donar un animal en conmemoración del acto en el cual Abraham le ofreció su hijo a Dios como sacrificio. Este es el comienzo de la Fiesta de Id El Adha, el Festival del Sacrificio, que se celebra al mismo tiempo en todos los países musulmanes. Los "demonios" son lapidados dos veces y, antes del sacrificio, los peregrinos regresan a La Meca para decir una oración en la Kaaba una vez más y emprender el camino del peregrino entre Safa y Marwa. Finalmente, el devoto corta o afeita un mechón de cabello del lado derecho de la cabeza y luego se la afeita.

Mientras meditaba sobre estos eventos, sentado en el patio sombreado, únicamente los minaretes de la mezquita podían ser divisados por sobre la imponente Kaaba con su manto negro bordado en oro: este es el pesado damasco *Kiswa* que está bordado con citas del Corán y obsequiado anualmente por Egipto. Cada año la vieja cubierta es cortada y sus piezas repartidas como reliquias muy apreciadas entre los peregrinos más afortunados. También el agua del Pozo Sagrado es suministrada en latas redondas y llevada hacia los confines de la tierra, en ocasiones para ser rociada sobre la tumba del peregrino.

A través de la bruma de calor vislumbré las colinas circundantes. A mi alrededor descansaban peregrinos de cien países; algunos pasando las cuentas de sus rosarios, otros ofreciendo oraciones. Los guardias beduinos wahabíes de aspecto recio caminaban de aquí para allá, alertas ante cualquier indecencia.

Desde el edificio de administración del *Haram*, dotado de inmensas ventanas de vidrio que dominaban el recinto cuadrangular, los oficiales mantenían una vigilia incesante. Observé que el área completa del santuario era barrida regularmente por los binoculares de estos funcionarios.

Miles de palomas revoloteaban sobre nuestras cabezas. Algunas tradiciones dicen que, a veces, Gabriel venía en forma de paloma y le susurraba el Corán a Muhammad en su oído.

Hubo un tiempo en que los peregrinos eran frecuentemente vencidos por el terrible calor en este patio cerrado, ¡pues en ocasiones llega a los 56°C a la sombra! Recientemente, sin embargo, las modernas innovaciones han mejorado muchísimo las condiciones aquí reinantes. Se han instalado ventiladores entre las columnatas; enormes persianas retráctiles protegen a una parte de la periferia del sol realmente abrasador. La electricidad alumbra el santuario y suministra energía para las bombas del Zamzam; y el trabajo de mantenimiento continúa sin cesar a lo largo de la enorme área.

Cuando hablaba con los locales acerca de las muchas mejoras que el rey había realizado a favor del confort en La Meca, a menudo decían: "Alá lo ha recompensado por ello: ¿acaso no le dio pozos de petróleo sin fondo?"

Pensamientos de
Omar Khayyam

Pensamientos de Omar Khayyam

A DIOS

Los fanáticos religiosos no conocen tu misericordia como
nosotros la conocemos.
Un forastero no puede conocerte como lo hace un amigo.
Tú dijiste: "¡Pecad y os arrojaré al Infierno!"
¡Cuéntale eso a la persona que no te conoce!

HUI

Yo fui un halcón. Desde el mundo secreto volé
deseando alcanzar inmediatamente las alturas;
mas como no encontré a nadie digno del Secreto,
regresé por la puerta a través de la cual llegué.

OJOS CERRADOS

Los ojos de los hombres están cerrados como si fuesen bueyes
de molino con los ojos vendados,
buscando como hormigas bajo una taza invertida...
Ustedes no han hecho lo que hicieron sus antepasados y sin
embargo quieren ser como ellos. Golpeen la Puerta...

ESPEJO

Soy un espejo, y quien se mira en mí...
cualquier cosa que diga, buena o mala, lo dice de sí mismo.

YO SOY

Dicen que soy un adorador del vino: lo soy
Dicen que soy un adepto: lo soy
No mires demasiado a mi exterior,
pues en mi interior yo soy, yo soy.

SIGUE AL GUÍA

Lee lo que debas leer. Ve lo que debas ver.
Actúa como debas actuar. Siente lo que debas sentir.
Hasta que puedas hacer todas estas cosas, sigue al Guía.
Cuando puedas hacer estas cosas, no se te tendrá
que decir: sigue al Guía.

*   *   *

La cría de la serpiente es preciosa para ella.

Proverbio

Otros sembraron para mí: yo siembro para otros
que vendrán.

Proverbio

Meditaciones de Rumi

Meditaciones de Rumi

No HAY RAZÓN para temer. Es la imaginación bloqueándote como un pasador de madera que mantiene cerrada la puerta. Quema ese barrote...

*   *   *

Todo pensamiento tiene una acción paralela.

Cada rezo tiene un sonido y una forma física.

El hombre de Dios no es un experto forjado por libros.

Primero fuiste mineral, luego vegetal, luego hombre. Serás un ángel y también llegarás aún más allá de eso.

Hay mil formas de la mente.

Si el agua marina no se elevase hacia el cielo, ¿de dónde obtendría su vida el jardín?

Un hombre completamente sabio dejaría de existir en el sentido ordinario.

No haces chipas al golpear la tierra con un pedernal.

El trabajador está oculto en el taller.

Para el ignorante, una perla parece una simple piedra.

Si un árbol pudiese moverse por medio de pie o pluma, no sufriría la agonía de la sierra o las heridas del acero.

La apariencia del pan depende de si tienes hambre o no.

Puede que busques un horno, pero te quemará. Acaso solamente necesites la débil llama de una lámpara.

Los falsificadores existen porque hay una cosa llamada oro verdadero.

Quien diga que todo es verdad, es un tonto; quien diga que todo es falso, es un mentiroso.

La fama es un gran obstáculo en el Camino.

El espejo de Dios: el anverso es el corazón, su reverso el mundo.

El universo infinito yace más allá de este mundo.

Dicen: "Él no puede ser encontrado"... Algo que no pueda ser "encontrado" es lo que deseo.

Para hacer vino tienes que fermentar el jugo de uva.

El agua no corre cuesta arriba.

Tienes dos "cabezas". La original, que está oculta; la derivada, que es la visible.

Apenas entraste a este mundo de la forma, una escalera de emergencia fue colocada para ti.

La lana se transforma en alfombra solo porque el conocimiento está disponible.

Para hervir agua necesitas un intermediario: el recipiente.

*   *   *

La respuesta a un tonto es el silencio.

Proverbio

Cuentos cortos

El cuento de ciudad Melón

EL GOBERNANTE DE cierta ciudad decidió un día que mandaría a construir un arco triunfal, de modo que pudiese pasar cabalgando por debajo de él con toda pompa, para la deseable edificación de la multitud. Mas cuando llegó el gran momento, su corona fue derribada: habían construido el arco muy bajo.

Por lo tanto el gobernante ordenó, legítimamente encolerizado, que el jefe de los constructores fuese colgado. Se preparó la horca; pero el maestro constructor, mientras era llevado al lugar de ejecución, exclamó que todo era culpa de los obreros pues eran ellos quienes realmente habían hecho el trabajo de construcción.

El rey, con su tradicional sentido de justicia, llamó a los obreros para que rindiesen cuentas; mas eludieron la acusación al explicar que los albañiles habían hecho los ladrillos del tamaño equivocado, y los albañiles dijeron que ellos solo habían llevado a cabo las órdenes del arquitecto. Este, en cambio, le recordó al rey que su majestad había hecho a último momento algunas modificaciones en los planos, cambiándolos.

"Convoquen al hombre más sabio del país", dijo el gobernante, "pues indudablemente esto es un difícil problema y necesitamos consejo."

El hombre más sabio fue llevado en andas, incapaz de mantenerse en pie por su cuenta de lo anciano (y por ende sabio) que era. "Es evidente", pronunció con voz temblorosa, "que por ley el verdadero culpable debe ser castigado, y en este caso es por demás evidente que no hay otro culpable que el arco mismo."

Aplaudiendo su decisión, el rey ordenó que el arco ofensor fuese llevado al patíbulo. Pero mientras era transportado hacía allí, uno de los consejeros reales señaló que este arco era algo que de hecho había tocado la augusta cabeza del monarca y que ciertamente no debería ser deshonrado con la soga de ejecución.

En el interín, agotado por sus esfuerzos, el venerable sabio había exhalado su último suspiro; la gente fue incapaz de recurrir a él para que interpretase esta nueva observación. Sin embargo, los doctores de la ley decretaron que la parte *inferior* del arco, que no había tocado nada en absoluto, podía ser colgada por el crimen de todo el arco.

Pero cuando el verdugo intentó poner al arco dentro del lazo, descubrió que la soga era demasiado corta; su fabricante fue llamado pero pronto explicó que en su opinión el cadalso era demasiado alto. Sugirió que los carpinteros eran los culpables.

"La multitud se está impacientando", dijo el rey, "y por lo tanto tenemos que rápidamente encontrar a alguien para colgar. Podemos aplazar la consideración de los puntos más finos, como la culpabilidad, para una ocasión posterior y más conveniente."

En un tiempo sorprendentemente corto toda la gente de la ciudad había sido minuciosamente medida, pero se descubrió que solo uno era lo suficientemente alto como para ser ejecutado en la horca: el mismísimo rey. Era tal el entusiasmo popular ante el descubrimiento de un hombre que daba la talla, que el rey tuvo que adecuarse... y fue colgado.

"Menos mal que encontramos a alguien", dijo el primer ministro, "pues si no hubiésemos saciado el apetito de la turba, indudablemente se habrían vuelto contra la corona."

Pero había asuntos importantes a considerar, pues casi de inmediato se dieron cuenta de que el rey estaba muerto. "En conformidad con la costumbre", anunciaron en la calle los heraldos, "el primer hombre que entre por las puertas de la ciudad decidirá quién habrá de ser nuestro próximo gran gobernante."

Resulta que el primer hombre que atravesó la puerta era un idiota; no se parecía en nada a los ordinarios ciudadanos sensatos con los cuales nos hemos familiarizado. Cuando se le preguntó quién debería ser rey, dijo inmediatamente: "Un melón". Esto se debía a que siempre respondía "un melón" ante cualquier pregunta. De hecho no pensaba en ninguna otra cosa, de lo tanto que le gustaban los melones.

Y así sucedió que un melón, con la debida ceremonia, fue coronado.

Ahora bien, eso fue hace muchísimos años. Actualmente, cuando la gente les pregunta a los habitantes de ese país por qué su rey parece ser un melón, dicen: "Debido a la elección consuetudinaria. Es evidente que su majestad desea ser un melón. Y ciertamente le permitiremos que lo siga siendo hasta que su próxima voluntad sea conocida. Él tiene, en nuestro país, todo el derecho a ser lo que quiera. Estamos satisfechos con eso, siempre y cuando él no interfiera en nuestras vidas."

Arrogante y generoso

CIERTO HOMBRE RICO llamado Khalil era famoso por todas partes debido a su habilidad para mantener, al mismo tiempo, las dos características de arrogancia y generosidad, las cuales mucha gente considera que producen la naturaleza ideal.

Tenía un amigo llamado Aziz, un rico mercader, cuyos asuntos se fueron al traste debido a una desastrosa transacción comercial.

Aziz convocó a su hijo Alí y le dijo:

"Hijo mío, visita al arrogante y generoso Khalil; dile que tu padre te ha enviado y pídele que me preste el equivalente en plata a una carga de camello, si tal será su generosidad, que le pagaré con intereses cuando mis asuntos estén nuevamente en orden."

Alí partió rumbo a la casa de Khalil. Al llegar allí fue conducido al salón de audiencias, donde Khalil estaba sentado; era tan arrogante que apenas miró al joven y se mantuvo sentado con su rostro evitando a la visita.

Fue solo después de varias horas que Alí fue capaz de realizar su petición.

Khalil lo miró con la mayor arrogancia y dijo: "¡Abandona mi presencia inmediatamente!"

Mientras el desdichado Alí iniciaba su camino de regreso a través del patio de la casa, se le dio la rienda principal de una larga hilera de camellos, cada uno cargado con tantos sacos de oro y joyas y túnicas de honor como podía transportar.

Aziz estaba alborozado cuando Alí regresó con los tesoros, y después de varios meses de comercio amasó enormes ganancias. Le dijo a Alí:

"Hijo mío, aquí hay una caravana que duplica las riquezas que Khalil nos prestó tan generosamente, aunque también con arrogancia. Apresúrate y entrégasela con la gratitud de tu padre."

Alí se dirigió nuevamente hacia la casa de Khalil; esta vez fue admitido solamente después de haber esperado varios días.

Cuando finalmente se le permitió hablarle a Khalil, quien aún estaba sentado de la misma forma como si nunca se hubiese movido, dijo:

"Noble señor, yo soy Alí, hijo de Aziz, y vengo con los saludos y el agradecimiento de mi padre para devolver, junto con un interés legítimo, la cantidad de dinero que en tu generosidad le prestaste a un mendigo sin garantía alguna."

Khalil lo miró un largo rato. Luego dijo:

"Alí, hijo de Aziz, tú y tu padre, aunque impresionados, ¡no pueden comprender la naturaleza y magnitud de mis características principales! ¡Sal de aquí y llévate tu dinero y tus camellos y tus bienes! La generosidad no consiste en dar préstamos. Yo no soy el banquero de tu padre.

*   *   *

Si te arrepientes de besarme…. recupera tu beso.

Proverbio

Que tu sombra jamás disminuya.

Proverbio

Los cofres de oro

ÉRASE UNA VEZ un rico mercader que partió en un largo viaje, dejando a su sirviente a cargo de su dinero; un hombre astuto y deshonesto lo escuchó por casualidad decirle al sirviente: "Todo queda bajo tu responsabilidad. En mi bóveda tengo cien cofres de oro; en cada uno hay cien de piezas de oro: custódialos hasta que regrese."

El hombre astuto logró, trabajosamente, cierta familiaridad con el criado y a menudo solían sentarse a tomar café.

Un día el astuto dijo: "Soy una especie de alquimista. Si consiguiese una pieza de oro, la podría duplicar para que se convierta en dos."

Al principio el sirviente no le creía; pero después de un tiempo estuvo tentado de hacer la prueba, usando parte del dinero de su empleador.

"Solamente lo tomas prestado", dijo el astuto, "y lo mantienes en tus propias manos, aquí en el café. Si no se multiplica, ¿qué puedes perder?"

Finalmente el criado aceptó.

Agarró una pieza de oro del tesoro de su amo y la puso en una caja, ingeniosamente ideada, que el "alquimista" suministró. Cuando abrieron la tapa, adentro había dos piezas.

Estimulado de este modo, y habiendo recibido la pieza extra como un obsequio, el sirviente le preguntó al alquimista si podía repetir el proceso.

"Claro que sí", dijo el astuto, "pero hay ciertas reglas. Primero debes solamente tomar una moneda de cada uno de los cofres que ya tienes, sin importar cuántos sean. Tráelos aquí."

El criado hizo lo que se le dijo y, una tras otra, las cien monedas se convirtieron en doscientas.

"Ahora la siguiente regla", dijo el astuto, "y esta es: no debes poner las 'monedas duplicadas' en la misma caja. Consigue otra caja y pon las doscientas ahí. Luego gasta de la nueva caja hasta que se hayan acabado tus cien. Esto dejará intacto el capital de tu amo y tú habrás ganado cien piezas de oro."

El sirviente hizo lo que se le dijo. Comenzó a gastar de lo suyo y, en efecto, descubrió que las piezas "duplicadas" eran de oro verdadero, aceptadas sin problema en las tiendas.

Nunca había tenido tanto dinero en su vida y gastó una gran parte en bebida y otros caprichos personales, alentado por el "alquimista", quien le dijo: "Apenas se acaben esos cien, avísame y podremos repetir el proceso... pero no antes."

Cuando regresó el mercader, el sirviente ya era muy adicto a la bebida. Cuando lo vio, el recién llegado dijo: "¿Qué clase de criado eres? ¿Supongo que te has gastado mi dinero?"

"Al contrario", balbuceó el sirviente, "lo he multiplicado."

El mercader corrió hacia su tesoro, pero según lo que podía ver no parecía faltar nada.

En ese momento el astuto apareció en escena y le dijo al mercader: "¡Dame el dinero que has estado custodiando para mí!"

"¿Qué dinero?" dijo el mercader. "Jamás te he visto en mi vida."

Comenzó tal disputa que llamaron a la policía, quienes llevaron a ambos a la corte para ser juzgados.

"Este hombre tiene mi dinero, el cual ha estado custodiando para mí", dijo el ladrón al juez.

"¿Cuánto dices que es?", preguntó el juez.

"Nueve mil novecientas cincuenta piezas de oro; noventa y nueve por cofre, y un cofre con apenas cincuenta piezas en él", dijo el astuto, que había estado llevando la cuenta de lo gastado por el sirviente.

"¡Eso es mentira y puedo probarlo!" dijo el mercader. "Yo tenía cien cajas con cien piezas en cada una, las cuales se las dejé a mi criado. Entonces, o bien queda esa cantidad, que son 10.000 piezas de oro en total; o algo menos que eso, si el sirviente me ha estado robando. No puede haber la cantidad que este hombre dice."

La corte ordenó que se inspeccionase el oro. Se descubrió que el total concordaba exactamente con el relato del ladrón. Al criado se lo consideró como privado de razón debido al alcoholismo y por lo tanto no se aceptó su testimonio. La corte otorgó la totalidad del dinero al hombre astuto, quien se convirtió en un ciudadano popular y respetado.

El más humilde de los árabes

EL CALIFA HARÚN al-Rashid era de la tribu del Profeta, pero al no ser su descendiente directo se lo consideraba de un rango inferior al de los Sayeds del clan Hachemita.

Pero era, después de todo, un emperador; y cuando escuchó que cierto Sayed estaba siendo aclamado por sus seguidores como "el más noble de todos los árabes", convocó a este hombre ante su presencia.

"¡Oh Sayed!" dijo el califa, "soy inferior a ti en cuanto a descendencia, dado que eres de la sangre del Santo Profeta. Pero, ¿no has escuchado que el Mensajero abolió formalmente todo título de nobleza basado en la sangre?"

"En ese caso", dijo el Sayed, "aún soy el más noble de todos los árabes."

"¿Cómo puede ser posible?" preguntó el califa.

"Incluso el más humilde de los árabes, una vez traído ante la presencia de semejante rey, debe considerar que este honor lo eleva al rango de el más noble de todos los árabes", dijo el Sayed.

*   *   *

Ahora que se ha ido, ¿importa si lo comió una vaca o no?

Proverbio

El hombre, la serpiente y la piedra

CIERTO DÍA, UN hombre que no tenía preocupación alguna estaba andando a lo largo de un sendero. Un objeto inusual atrajo su atención. "Debo descubrir qué es", se dijo a sí mismo. Al acercarse, vio que era una piedra grande y muy plana. "Debo descubrir qué hay debajo de ella", pensó para sí; y levantó la piedra.

Apenas lo hizo, escuchó un fuerte silbo y una enorme serpiente salió deslizándose de un agujero que estaba bajo la piedra. Alarmado, el hombre dejó caer la piedra. La serpiente se enroscó y le dijo:

"Ahora te voy a matar, pues soy una serpiente venenosa."

"Pero te he liberado", dijo el hombre, "¿cómo puedes pagar el bien con el mal? Semejante acción no se corresponde con un comportamiento razonable."

"En primer lugar", dijo la serpiente, "tú levantaste la piedra por curiosidad e ignorando las posibles consecuencias. ¿Cómo puede esto de repente transformarse en 'te he liberado'?"

"Siempre debemos intentar volver a un comportamiento razonable... cuando nos detenemos a pensar", murmuró el hombre.

"Regresas a él cuando crees que invocarlo podría favorecer tus intereses", dijo la serpiente.

"Sí", dijo el hombre, "fui un tonto al esperar comportamiento razonable de una serpiente."

"De una serpiente, espera comportamiento de serpiente", dijo el ofidio. "Para una serpiente, lo que puede ser considerado como razonable es el comportamiento de serpiente."

"Ahora te voy a matar", continuó.

"Por favor, no me mates", dijo el hombre, "dame otra oportunidad. Me has enseñado acerca de la curiosidad, la conducta razonable y el comportamiento de las serpientes. ¿Ahora me vas a matar, antes de que pueda poner este conocimiento en práctica?"

"Muy bien", dijo la serpiente, "te daré otra oportunidad. Habré de acompañarte en tu viaje. Le pediremos a la próxima criatura que nos encontremos, que no sea ni hombre ni serpiente, que haga de árbitro entre nosotros."

El hombre estuvo de acuerdo, y comenzaron su viaje.

Al poco tiempo se toparon en un campo con un rebaño de ovejas. La serpiente se detuvo y el hombre les gritó a los ovinos:

"¡Ovejas, ovejas, por favor sálvenme! Esta serpiente tiene la intención de matarme. Si le dicen que no lo haga, me perdonará. Den un veredicto a mi favor pues soy un hombre, el amigo de las ovejas."

Una de ellas contestó:

"Nos han puesto en este campo luego de servir a un hombre durante muchos años. Le hemos dado lana temporada tras temporada y, ahora que somos viejas, mañana nos matará para vender la carne. Esa es la medida de la generosidad de los hombres. Serpiente, ¡mata a ese hombre!"

La serpiente se irguió y sus verdes ojos brillaban mientras le decía al hombre: "Así es como te ven tus amigos. ¡Me estremece pensar en cómo te verán tus enemigos!"

"Dame una chance más", gritó el hombre desesperado. "Por favor, permite que encontremos a alguien más para que dé su opinión y mi vida pueda ser perdonada."

"No quiero parecer tan irrazonable como crees que soy", dijo la serpiente, "y por lo tanto continuaré según tu patrón y no el mío. Preguntémosle al próximo individuo que encontremos – siempre que no sea un hombre o una serpiente – cuál ha de ser tu suerte."

El hombre le agradeció a la serpiente y retomaron el viaje.

Inmediatamente se toparon con un caballo solitario, de pie y con sus patas atadas en un campo. La serpiente le dijo: "Caballo, caballo, ¿por qué estás así atado?"

El caballo contestó:

"Durante muchos años serví a un hombre. Me daba comida, la cual yo nunca pedía, y me enseñó a servirle. Él decía que esto era a cambio de la comida y el establo. Ahora que estoy demasiado enclenque para trabajar, ha decidido venderme pronto como carne de caballo. Estoy atado porque el hombre cree que si me paseo por este campo comeré mucha de su hierba."

"No hagas mi juez de este caballo, ¡por el amor de Dios!" exclamó el hombre.

"Según nuestro pacto", dijo la serpiente inexorablemente, "este hombre y yo hemos acordado que tú juzgues nuestro caso."

El ofidio resumió el asunto y el caballo dijo:

"Serpiente, está más allá de mis capacidades y no es parte de mi naturaleza matar a un hombre. Pero siento que tú, como serpiente, no tienes otra alternativa que hacerlo si un hombre está en tu poder."

"Si solamente me dieras una oportunidad más", rogó el hombre, "estoy seguro de que algo vendrá en mi ayuda. Hasta ahora he sido desafortunado en este viaje y únicamente me he cruzado con criaturas rencorosas. Elijamos un animal que no tenga semejante experiencia y por lo tanto ninguna animosidad generalizada para con mi especie."

"La gente no conoce a las serpientes", dijo el ofidio, "y sin embargo parecen tener una animosidad generalizada para con ellas; pero estoy dispuesto a darte apenas una oportunidad más."

Continuaron con su viaje.

Pronto vieron a un zorro durmiendo bajo un arbusto a la vera del camino. El hombre despertó gentilmente al zorro y dijo:

"No temas, hermano zorro. Mi caso es tal y tal, y mi futuro depende de tu decisión. La serpiente no me dará otra oportunidad, así que solamente tu generosidad o altruismo puede ayudarme."

El zorro pensó un momento y luego dijo:

"No estoy seguro de que solo la generosidad o el altruismo puedan funcionar aquí. Pero me voy a involucrar en este asunto. Para poder llegar a un decisión debo basarme en algo más que rumores. También debemos tener pruebas. Vamos, regresemos al comienzo de su viaje y examinemos los hechos donde ocurrieron."

Volvieron a donde había tenido lugar el primero encuentro.

"Ahora reconstruiremos la situación", dijo el zorro; "serpiente, ¿serías tan amable de ocupar una vez más tu lugar, en el agujero bajo la piedra plana?"

El hombre levantó la piedra y la serpiente se enroscó dentro del hueco.

Ahora la serpiente estaba atrapada nuevamente y el zorro, volviéndose hacia el hombre, dijo: "Hemos regresado al comienzo. La serpiente no podrá salir a menos que la liberes; en este momento ella abandona nuestra historia."

"Gracias, gracias", dijo el hombre con sus ojos llenos de lágrimas.

"Las gracias no alcanzan, hermano", dijo el zorro. "Además de la generosidad y el altruismo está la cuestión de mi retribución."

"¿Cómo puedes forzarme a pagar?" preguntó el hombre. "Cualquier que pueda resolver el problema que acabo de finalizar", dijo el zorro, "es bien capaz de lidiar con un detalle como ese. Nuevamente te invito a que me recompenses, al menos por miedo si es que no tienes ningún sentido de justicia. ¿Qué te parece si lo llamamos, con tus palabras, ser 'razonable'?"

El hombre dijo:

"Muy bien. Ven a mi casa y te daré un pollo."

Fueron rumbo a la casa del hombre. El hombre entró a su gallinero y pronto regresó con un saco abultado. El zorro se apoderó de él, y cuando estaba a punto de abrirlo el hombre dijo:

"Amigo zorro, no abras el saco aquí. Tengo vecinos humanos y no deberían saber que estoy cooperando con un zorro. Ellos podrían matarte, así como censurarme."

"Ese es un pensamiento razonable", dijo el zorro; "¿qué sugieres que haga?"

"¿Ves esa arboleda allá a lo lejos?" dijo el hombre señalando. "Sí" contestó el zorro.

"Tú corre con el saco hacia ese refugio y podrás disfrutar tu comida sin ser molestado."

El zorro salió corriendo.

Tan pronto como llegó a los árboles, fue atrapado por un grupo de cazadores; el hombre sabía que estarían allí. Aquí él deja nuestra historia.

¿Y el hombre? Su futuro aún está por llegar.

*　　*　　*

No se toca el tambor bajo una colcha.

Proverbio

El valor de los reinos

El rey Bayazid fue traído desde el campo de batalla y llevado ante el victorioso Tamerlán el Conquistador, Timur el Cojo. Tan pronto como vio que Bayazid tenía solamente un ojo, Timur comenzó a reír descontroladamente.

Bayazid se dirigió a él, diciéndole:

"Puede que te rías de mi derrota, pero harías mejor en reflexionar que podrías haber estado aquí, en mi lugar. Dios es quien preside sobre el destino de los tronos. El hombre no debería reírse de las manifestaciones de Su Voluntad."

Timur, una vez repuesto, contestó:

"Es justamente ese pensamiento el que me *hace* reír. En efecto, Dios preside sobre los tronos: pero son tan poco importantes para él, según parece, que le entrega el reino de un tuerto a un tullido."

* * *

Carreta es una palabra para algo que se mueve.

Proverbio

El caballo mágico

ESTE CUENTO ES de gran importancia porque pertenece a un corpus instructivo de materiales místicos con contenido interno – más allá de su valor como entretenimiento – sin un significado externo inmediato.

El cuento enseñante fue llevado a la perfección como un instrumento de comunicación hace muchos miles de años. El hecho de que no se haya desarrollado demasiado desde entonces ha provocado que gente obsesionada con algunas teorías de nuestras civilizaciones actuales lo consideren como el producto de una era menos iluminada. Sienten que seguramente debe de ser poco más que una curiosidad literaria, algo apropiado para los niños; o la proyección, quizá, de deseos infantiles... un medio para representar el cumplimiento de un deseo.

Casi nada podría estar tan lejos de la verdad como semejantes imaginaciones pseudofilosóficas y ciertamente no científicas. Muchos cuentos enseñantes *son* entretenidos para los niños y los campesinos ingenuos; varios de ellos, en los formatos en que son vistos por los teóricos condicionados, han sido tan procesados por amateurs no regenerados que su contenido efectivo está distorsionado. Algunos solamente son aplicables a ciertas comunidades, dependiendo de circunstancias especiales para su correcto desenvolvimiento: circunstancias que al estar ausentes impiden eficazmente la acción de las cuales son capaces.

Los académicos, los eruditos y los intelectuales de este mundo saben tan poco acerca de estos materiales, que no hay palabra en los idiomas modernos que haya sido reservada para describirlos. Pero no obstante el cuento enseñante existe. Es parte de la herencia más preciada de la humanidad.

No se ha de confundir a los cuentos enseñantes con las parábolas, que son lo suficientemente adecuadas en su intención pero que trabajan con un material inferior, generalmente limitado a la inculcación de principios morales y no para ayudar al movimiento interior de la mente humana. Sin embargo, lo que a menudo asumimos que pertenece al nivel inferior de la parábola puede en ocasiones ser visto como cuentos enseñantes por los verdaderos especialistas... en particular cuando son experimentados bajo las condiciones correctas.

A diferencia de la parábola, el significado del cuento enseñante no puede ser desentrañado solamente mediante los ordinarios métodos intelectuales. Su acción, sobre la parte más íntima del ser humano, es directa y certera; una acción incapaz de manifestarse por medio del mecanismo emocional o intelectual.

Lo más que podemos aproximarnos a describir su efecto es diciendo que conecta con una parte del individuo que no puede ser alcanzada por ninguna otra convención, y que establece en él o en ella un medio de comunicación con una verdad no-verbalizada que está más allá de las limitaciones comunes de nuestras dimensiones conocidas.

Algunos cuentos enseñantes ya no pueden ser recuperados debido al proceso literario y tradicionalista, incluso ideológico, al que han sido sometidos. El peor de dichos procesos es el historicista, en el cual una comunidad llega a creer que uno de sus antiguos cuentos enseñantes representa literalmente la verdad histórica.

Este cuento se presenta aquí en una forma que está libre de este y otros tipos de maltrato.

*   *   *

Érase una vez – no hace mucho tiempo – un reino en el cual la gente era extremadamente próspera. Se habían hecho todo tipo de descubrimientos: en el cultivo de plantas, en la cosecha y preservación de frutos, en la manufactura de objetos para vender a otros países y muchas otras artes prácticas. Su gobernante era inusualmente iluminado y fomentaba nuevos descubrimientos y actividades porque sabía acerca de las ventajas que les traería a su gente.

Tenía un hijo llamado Hoshyar, experto en el uso de artefactos extraños, y otro llamado Tambal, un soñador que solamente parecía interesado en cosas que ante los ojos de los ciudadanos eran de poco valor.

De vez en cuando el rey, cuyo nombre era Mumkin, hacía circular anuncios como este:

"Que todos aquellos que tengan aparatos notables y artefactos útiles los presenten en el palacio para su examinación, a fin de que puedan ser debidamente recompensados."

Resulta que había dos hombres en ese país – un herrero y un ebanista – que eran grandes rivales en casi todas las cosas, y a ambos les encantaba hacer artefactos extraños. Cuando un día escucharon este anuncio, acordaron competir por un premio para que de una vez por todas el soberano decidiese cuál tenía mayor mérito y ello fuese reconocido públicamente.

En consecuencia, el herrero trabajó día y noche en un poderoso motor, empleando una multitud de talentosos especialistas y rodeando su taller con altas paredes para que sus métodos y dispositivos no se hiciesen conocidos.

Al mismo tiempo, el ebanista agarró sus simples herramientas y se adentró en un bosque donde, luego de una larga y solitaria reflexión, preparó su propia obra maestra.

La noticia de la rivalidad se extendió y la gente pensaba que el herrero ganaría fácilmente, pues sus ingeniosos trabajos ya habían sido vistos; pero mientras los productos del ebanista eran generalmente admirados, apenas tenían un uso ocasional y sencillo.

Cuando ambos estuvieron listos, el rey los recibió en la corte.

El herrero produjo un inmenso pez metálico que podía, según dijo, nadar tanto en la superficie como sumergido. Era capaz de transportar enormes cargamentos por tierra. Podía escarbar el suelo e incluso volar lentamente por el aire. Al principio a la corte le costó creer que pudiese existir semejante maravilla hecha por el hombre; pero cuando el herrero y sus asistentes hicieron la demostración, el rey estuvo encantado y proclamó al herrero como uno de los más distinguidos del país, con un rango especial y el título de "Benefactor de la Comunidad".

El príncipe Hoshyar fue puesto a cargo de la fabricación de los maravillosos peces y los servicios de este nuevo dispositivo se hicieron disponibles para toda la humanidad.

Todos bendecían al herrero y a Hoshyar, como también al benigno y sagaz monarca a quien tanto amaban.

En el medio de la excitación, el modesto carpintero había sido olvidado por completo. Entonces, un día, alguien dijo: "¿Pero qué pasa con el concurso? ¿Dónde está la obra del ebanista? Todos sabemos que es un hombre ingenioso. Acaso haya producido algo útil."

"¿Cómo podría haber algo tan útil como los Maravillosos Peces?" preguntó Hoshyar; y muchos de los cortesanos y el público estuvieron de acuerdo con él.

Pero un día el rey estaba aburrido. Se había acostumbrado a la novedad de los peces y a los reportes de las maravillas que tan a menudo realizaban. Dijo: "Llamen al tallador de maderas, pues ahora me gustaría ver lo que ha hecho."

El sencillo ebanista entró al salón del trono llevando un paquete envuelto en una tela burda. Mientras toda la corte se inclinó hacia delante para ver lo que tenía, quitó el envoltorio para revelar... un caballo de madera. Estaba bien tallado y tenía algunos intrincados diseños cincelados además de estar decorado con pinturas de colores, pero solamente era... "¡Un mero juguete!" espetó el rey.

"Pero, padre", dijo el príncipe Tambal, "preguntémosle para qué sirve..."

"Muy bien", dijo el rey, "¿para qué sirve?"

"Su majestad", balbuceó el ebanista, "es un caballo mágico. No se ve como gran cosa, pero podríamos decir que tiene sus propios sentidos internos. A diferencia del pez, que tiene que ser dirigido, este caballo puede interpretar los deseos del jinete y llevarlo a dondequiera que necesite ir."

"Semejante estupidez solamente es adecuada para Tambal", murmuró el primer ministro, que estaba pegado al rey; "no puede tener ninguna ventaja verdadera cuando se lo compara con el maravilloso pez."

El ebanista se estaba tristemente preparando para partir, cuando Tambal dijo: "Padre, déjame quedarme con el caballo de madera."

"Muy bien", dijo el rey, "dénselo. Llévense al ebanista y átenlo a un árbol por ahí, para que se dé cuenta de que nuestro tiempo es valioso. Que contemple la prosperidad que el maravilloso pez nos ha traído y quizá, después de un tiempo, lo dejemos libre para que practique lo que haya aprendido acerca de la auténtica laboriosidad mediante la verdadera reflexión."

Se llevaron al ebanista y el príncipe Tambal dejó la corte cargando su caballo mágico.

Tambal llevó el caballo a sus aposentos, donde descubrió que tenía varias perillas hábilmente ocultas en los diseños tallados. Cuando estas eran giradas de cierta manera, el caballo – junto con quien lo montase – se elevaba en el aire y se lanzaba velozmente a cualquier lugar que estuviese en la mente de la persona que movía las perillas.

De esta manera, día tras día, Tambal voló a lugares que jamás había visitado; mediante este proceso llegó a conocer muchísimas cosas. Llevaba el caballo consigo a todas partes. Un día se topó con Hoshyar, quien le dijo: "Transportar un caballo de madera es una ocupación adecuada para alguien como tú. En cuanto a mí, ¡estoy trabajando por el bien de todos, rumbo hacia el deseo de mi corazón!"

Tambal pensó: "Ojalá supiese qué es el bien de todos. Y desearía poder saber cuál es el deseo de mi corazón."

Cuando estuvo de regreso en su habitación, se sentó sobre el caballo y pensó: "Me gustaría encontrar el deseo de mi corazón." Al mismo tiempo movió algunas de las perillas que estaban en el cuello del caballo. Más rápido que la luz, el caballo se elevó en el aire y transportó al príncipe a un reino lejano gobernado por un rey-mago, que estaba a unos mil días de viaje por medios ordinarios.

El rey, cuyo nombre era Kahana, tenía una hermosa hija llamada Perla Preciosa, Durri-Karima. Para protegerla, la había encerrado en un palacio giratorio, suspendido en el cielo, que estaba más alto de lo que cualquier mortal podía llegar. Mientras se aproximaba al país mágico, Tambal vio al resplandeciente palacio en los cielos y allí se detuvo.

La princesa y el joven jinete se encontraron y enamoraron.

"Mi padre nunca permitirá que nos casemos", dijo ella; "pues ha ordenado que yo me convierta en la esposa del hijo de otro rey-mago que vive más allá del frío desierto que está al este de nuestra patria. Ha jurado que yo, cuando tenga la edad suficiente, cementaré la unidad de los dos reinos mediante ese matrimonio. Su voluntad jamás ha sido exitosamente desafiada."

"Iré y trataré de razonar con él", respondió Tambal, mientras montaba nuevamente en el caballo mágico.

Mas cuando descendió en el país mágico había tantas cosas nuevas y excitantes para ver, que no tuvo apuro en ir al palacio. Cuando finalmente se acercó, ya estaba sonando el tambor en la puerta indicando la ausencia del rey.

"Se ha ido a visitar a su hija en el Palacio Giratorio", dijo un transeúnte cuando Tambal le preguntó cuándo volvería el rey; "y por lo general pasa varias horas con ella cada vez que la ve."

Tambal fue a un lugar tranquilo donde deseó que el caballo lo llevase al propio apartamento del rey. "Lo abordaré en su propio hogar", pensó para sí, "pues si voy al Palacio Giratorio sin su permiso podría enojarse."

Cuando llegó allí se escondió detrás de unos cortinados y se echó a dormir.

Mientras tanto, incapaz de contener su secreto, la princesa Perla Preciosa le había confesado a su padre que había sido visitada por un hombre sobre un caballo volador y que quería casarse con ella. Kahana estaba furioso.

El rey colocó centinelas alrededor del Palacio Giratorio y regresó a su apartamento para reflexionar sobre estas cuestiones. Apenas entró a su habitación, uno de los sirvientes mágicos sin lengua que la custodiaban señaló al caballo de madera que yacía en un rincón. "¡Ajá!" exclamó el rey-mago. "Ahora lo tengo. Echemos un vistazo a este caballo y veamos qué clase de cosa puede ser."

Mientras él y sus sirvientes examinaban el caballo, el príncipe se las arregló para escabullirse y esconderse en otra parte del palacio.

Después de girar las perillas, golpetear al caballo y en general tratar de entender cómo funcionaba, el rey estaba desconcertado. "Llévense esa cosa. Ahora no tiene ninguna virtud, si es que alguna vez tuvo una", dijo. "Es apenas una baratija apropiada para niños" El caballo fue guardado en un armario.

Entonces el rey Kahana pensó que, sin demora, debería hacer arreglos para la boda de su hija, en caso de que el fugitivo tuviese otros poderes o dispositivos con los cuales intentar ganarse su mano. Así que la hizo traer a su propio palacio y mandó un mensaje al otro rey-mago pidiéndole que enviase al príncipe, que iba a casarse con ella, para que reclamase a su esposa.

Mientras tanto el príncipe Tambal, escapando del palacio durante la noche cuando algunos guardias estaban dormidos, decidió que debía intentar regresar a su propio país. Su búsqueda del deseo de su corazón parecía ahora casi imposible. "Aunque me cueste el resto de mi vida", se dijo a sí mismo, "volveré, trayendo tropas para tomar su reino a la fuerza. Solamente podré hacerlo convenciendo a mi padre de que necesito tener su ayuda para lograr el anhelo de mi corazón."

Y diciendo esto, partió. Nunca hubo un hombre peor equi- pado para semejante viaje. Era un forastero que viajaba a pie sin ningún tipo de provisiones, enfrentando un calor despiadado y noches heladas, todo ello intercalado con tormentas de arena, y pronto se encontró inexorablemente perdido en el desierto.

En su delirio, Tambal comenzó a culparse a sí mismo, a su padre, al rey-mago, al ebanista, incluso a la princesa y al mismísimo caballo mágico. A veces creía haber visto agua delante de él; otras, bellas ciudades; en ocasiones se sentía eufórico o incomparablemente triste. Incluso a veces creía tener compañeros en sus dificultades; mas al recuperarse se daba cuenta de que estaba totalmente solo.

Parecía que había estado viajando durante una eternidad. De repente, cuando ya se había dado por vencido y recomenzado varias veces, vio algo directamente frente a él. Parecía un espejismo: un jardín lleno de chispeantes frutos deliciosos que de alguna manera lo invitaban a que se acercase.

Al principio Tambal no le prestó mucha atención a esto; pero pronto, mientras caminaba, vio que de hecho estaba atravesando tal jardín. Recogió algunos frutos y con cautela los probó; eran deliciosos. Le quitaron el miedo y también el hambre y la sed. Cuando estuvo lleno, se acostó a la sombra de un enorme y acogedor árbol y se durmió.

Cuando se despertó se sentía bastante bien, pero algo parecía estar mal. Corriendo hacia un estanque cercano, miró su reflejo en el agua: una horrible aparición lo miraba fijamente. Tenía una larga barba, cuernos curvados, orejas larguísimas. Miró sus manos: estaban cubiertas de pelaje.

¿Era una pesadilla? Intentó despertarse pero los pellizcos y puñetazos no surtieron efecto. Ahora, prácticamente privado de sus sentidos, fuera de sí debido al miedo y al horror, gritando enajenadamente, atormentado por sollozos, se arrojó al piso. "Tanto si vivo como si no", pensó, "estos malditos frutos me han arruinado finalmente. Incluso aunque tuviese el mayor ejército de todos los tiempos, la conquista no me ayudaría. Ahora nadie se casará conmigo, mucho menos la princesa Perla Preciosa; es imposible imaginar a una bestia que no se aterrorizaría al verme... ¡y ni hablemos del anhelo de mi corazón!" Y perdió el conocimiento.

Cuando volvió a despertar ya había oscurecido, y una luz se aproximaba a través del bosquecillo de árboles silenciosos. El miedo y la esperanza batallaban en su interior. Mientras se acercaba vio que la luz provenía de una lámpara cuyo recipiente tenía forma de estrella brillante, llevada por un hombre barbado que caminaba en el estanque de luminosidad que difundía a su alrededor. El hombre lo vio. "Hijo mío", dijo, "has sido afectado por las influencias de este lugar. Si yo no hubiese pasado habrías permanecido como una bestia más de este bosque encantado, pues hay muchísimos más como tú. Pero yo puedo ayudarte." Tambal se preguntó si este hombre era un demonio disfrazado, acaso el mismísimo dueño de los árboles malignos. Pero mientras más recuperaba la consciencia más se daba cuenta de que no tenía nada que perder.

"Ayúdame, padre", le dijo al sabio.

"Si realmente quieres el deseo de tu corazón", dijo el otro hombre, "solamente tienes que fijar este anhelo firmemente en tu mente sin pensar en la fruta. Entonces tendrás que recoger algunas frutas secas, no las frescas y deliciosas, que yacen a los pies de estos árboles y comerlas. Luego sigue tu destino."

Y diciendo esto, se marchó.

Mientras la luz del sabio desaparecía en la oscuridad, Tambal vio que la luna estaba surgiendo y gracias a su resplandor pudo ver que efectivamente había montones de frutas secas debajo de cada árbol.

Recogió algunas y las comió tan rápido como pudo.

Lentamente, mientras miraba, el pelaje desapareció de sus manos y brazos. Al principio los cuernos se encogieron, luego desaparecieron. La barba se esfumó. Había vuelto a ser él mismo. Ya surgía la primera luz y al alba escuchó el tintineo de las campanas de los camellos; una procesión atravesaba el bosque encantado.

Indudablemente era la procesión de un personaje importante en un largo viaje. Mientras Tambal estaba allí de pie, dos jinetes se separaron de la rutilante escolta y galoparon hacia él.

"En el nombre del príncipe, nuestro señor, exigimos algunas de tus frutas. Su Alteza Celestial está sediento y ha indicado un deseo de probar estos extraños albaricoques", dijo un oficial.

Tambal aún no se movía, pues tal era su aturdimiento luego de sus experiencias recientes. Entonces el mismísimo príncipe se apeó de su palanquín y dijo:

"Soy Jadugarzada, hijo del rey-mago de Oriente. Aquí tienes una bolsa de oro, zoquete. Comeré algunas de tus frutas porque así lo deseo. Tengo prisa pues estoy yendo a reclamar a mi esposa, la princesa Perla Preciosa, hija de Kahana, rey-mago de Occidente."

A Tambal se le estrujó el corazón ante estas palabras. Pero, dándose cuenta de que este debía ser el destino que el sabio le dijo que siguiese, le ofreció al príncipe tanta fruta como pudo comer.

Cuando hubo comido, el príncipe comenzó a quedarse dormido. Al hacerlo, empezaron a crecerle cuernos, pelaje y enormes orejas. Los soldados lo sacudieron y el príncipe comenzó a comportarse de una forma extraña: afirmaba que *él* era normal y que *ellos* eran deformes.

Los consejeros que acompañaban al grupo inmovilizaron al príncipe y mantuvieron un acalorado debate. Tambal afirmaba que todo habría ido bien si el príncipe no se hubiese dormido. Finalmente se decidió poner a Tambal en el palanquín para que representase el papel del príncipe. El cornudo Jadugarzada fue atado a un caballo con un velo sobre su rostro, disfrazado como criada.

"Puede que finalmente recupere la cordura", dijeron los consejeros, "y en cualquier caso sigue siendo nuestro príncipe. Tambal se casará con la joven. Luego, tan pronto como sea posible, los llevaremos a todos de regreso a nuestro país para que nuestro rey resuelva el problema."

Tambal, esperando el momento oportuno y siguiendo su destino, aceptó su rol en la farsa.

Cuando el grupo llegó a la capital del oeste, el mismísimo rey salió a recibirlos. Tambal fue presentado ante la princesa como su novio y ella estaba tan asombrada que casi se desmayó; pero Tambal logró susurrarle rápidamente lo que había sucedido y se casaron debidamente en medio de un gran alborozo.

Mientras tanto, el príncipe cornudo había medio recobrado la cordura pero no su forma humana; y su escolta aún lo mantenía oculto. Apenas terminaron los festejos, el jefe del grupo del príncipe cornudo (quien había seguido bien de cerca a Tambal y a la princesa) se presentó ante la corte. Dijo: "Oh monarca justo y glorioso, fuente de sabiduría: ha llegado el momento, según los pronunciamientos de nuestros astrólogos y adivinos, de llevar a la pareja nupcial de regreso a nuestro propio país, para que puedan establecerse en su nuevo hogar bajo las influencias y circunstancias más felices."

La princesa se volvió hacia Tambal alarmada, pues sabía que Jadugarzada la reclamaría apenas estuviesen en camino... y que seguramente ultimaría a Tambal.

Tambal le susurró: "No temas. Debemos actuar lo mejor que podamos, siguiendo nuestro destino. Acepta ir, con la condición de que no viajarás sin el caballo de madera."

Al principio el rey-mago estaba molesto con este capricho de su hija; se dio cuenta de que ella quería el caballo porque estaba relacionado con su primer pretendiente. Pero el primer ministro del príncipe cornudo dijo: "Majestad, esto no es más que el capricho por un juguete, como cualquier jovencita puede tener. Espero que le permitas conservarlo, para que así podamos emprender pronto el camino a casa."

Entonces el rey-mago aceptó y rápidamente la resplandeciente procesión se puso en marcha. Después de que la escolta del rey se hubiese retirado, y antes de la primera parada nocturna, el horrible Jadugarzada arrojó su velo y le gritó a Tambal:

"¡Miserable autor de mis desgracias! Ahora tengo planeado atarte de pies y manos, llevarte cautivo a mi propio país. Si, cuando lleguemos allí, no me dices cómo quitar este encantamiento, haré que te despellejen vivo, centímetro a centímetro. Ahora, entrégame la princesa Perla Preciosa."

Tambal corrió hacia la princesa y, frente al sorprendido grupo, se elevó hacia los cielos sobre su caballo de madera con Perla Preciosa montada detrás de él.

En cuestión de minutos la pareja se posó en el palacio del rey Mumkin. Relataron todo lo que les había ocurrido, y el rey estaba casi abrumado por la alegría de verlos de regreso sanos y salvos. Inmediatamente dio órdenes para que el desventurado ebanista fuese liberado, recompensado y aplaudido por toda la población.

Cuando el rey se reunió con sus antepasados, la princesa Perla Preciosa y el príncipe Tambal lo sucedieron. El príncipe Hoshyar también estaba bastante satisfecho, porque aún seguía fascinado con el maravilloso pez.

"Estoy contento por ustedes, si son felices", solía decirles, "pero, por mi parte, nada me resulta más gratificante que mantenerme ocupado con el maravilloso pez."

Y esta historia es el origen de un extraño dicho, vigente entre la gente de aquel país, cuyo origen ha sido ya olvidado. El dicho es: "Aquellos que quieren pez, pueden conseguir mucho a través del pez; y aquellos que no conocen el anhelo de su corazón, puede que primero tengan que escuchar la historia del caballo de madera."

El Príncipe de las Tinieblas

ÉRASE UNA VEZ, en la ciudad de Damasco, un orfebre. Hacía artículos de joyería tan finos que su fama llegó a oídos de Iblis, el Malvado.

Un día el orfebre estaba sentado en su tienda terminando las alas de una mariposa dorada, cuando vio el rostro oscuro del Malvado mirando a través de la ventana.

"¡Alá, ten piedad de mí!" gritó el orfebre. "¿Ha llegado mi hora?"

La puerta se abrió como si hubiese sido empujada por manos invisibles y entró la alta figura vestida de negro. El Malvado sonrió y dijo:

"Querido amigo, no temas, no he venido por ti. Estaba mirando simplemente tus maravillosas artesanías. He escuchado, incluso en las regiones bajas, acerca de tu exquisito arte. Me gustaría tener algunas muestras... digamos, ¿qué te parece si me llevo esas pocas piezas que tienes en la ventana?"

"Sí, por supuesto, todas las que quieras", dijo gustosamente el orfebre. Estaba tan contento de que el Malvado le iba a perdonar la vida que le hubiese dado cualquier cosa. "Las envolveré y podrás llevártelas de inmediato. Hay un oso adornado con joyas, un pez dorado con ojos de rubí y un collar digno de una..."

"No, no", dijo impacientemente el Malvado, "no las quiero ahora; vendré por ellas en otro momento. Guárdame todo lo que hay en la ventana, aunque puede que tarde años en regresar. ¿Lo prometes?"

"Lo prometo", dijo el orfebre, y el Malvado desapareció.

"¿Quién era ese que hablaba contigo?" preguntó su esposa, trayéndole un vaso de sorbete.

"Querida", dijo él, "no era otro que Iblis, el malvado Príncipe de las Tinieblas. Me hizo prometer que le guardaría todo lo que tengo en la ventana, lo cual vendrá a recoger cuando esté listo. Aunque lloro por mis hermosas piezas de artesanía, estoy agradecido de que (gracias a la misericordia de Alá) no me haya llevado al Yahannam."

"¿Todo lo que está en la ventana?"

"Eso fue lo que el Malvado dijo."

En ese momento la mujer se llevó las manos a la cabeza y comenzó a llorar.

"¡Ay, ay, nuestra hija estaba jugando en la ventana, y eso significa que el Malvado también pretende llevársela cuando regrese!" dijo ella.

El orfebre se apresuró para echar un vistazo y, efectivamente, allí estaba su hijita jugando inocentemente con los juguetes dorados que su padre había puesto en exhibición.

"Rápido, mujer", dijo el orfebre, "ve a lo del platero y tráeme treinta gramos de plata virgen." Su esposa hizo lo que se le pidió y trajo la plata mientras ahogaba su llanto en un pañuelo.

El orfebre fue a su taller y, agarrando el sagrado Corán de un estante, leyó el Verso del Trono. Luego martilló la plata hasta dejarla fina como un papel y grabó un talismán para que su hija lo llevara alrededor de su cuello.

Pues él sabía que un amuleto era más potente si se lo trabaja en plata, y le dijo a su hija que nunca debía sacárselo, de lo contrario Iblis podría llevársela.

Pasaron los años, y el Malvado aún no había regresado. El orfebre y su esposa ya casi se habían olvidado del asunto, cuando repentinamente el Malvado reapareció en la tienda del joyero.

"He venido por los tesoros que me prometiste", dijo el Malvado, "y la niña ya debe tener diecisiete años, ¿no?" "Sí", dijo el orfebre. "Pero cambia de opinión, Oh poderoso Iblis, acerca de nuestra hija; es la única que tenemos a esta avanzada edad. Te ruego que por favor la perdones y nos la dejes. Llévame a mí en su lugar. Yo estoy más allá de los placeres de la vida, pero ella es joven. ¡Llévame, gran príncipe de las tinieblas!"

"No, no, no. No puedo hacer eso", dijo el Malvado, apartando las hermosas figuras doradas que el orfebre le ofrecía. "La quiero a ella especialmente..."

Entonces el orfebre mandó al sirviente a pedirle a su hija que viniese, ya que la necesitaba urgentemente.

Resulta que la joven, cuyo nombre era Zorah, estaba tomando un baño y en el apuro de cumplir con el pedido de su padre olvidó ponerse el collar talismánico cuando se vistió. Corrió hacia la tienda, pero había algo acerca del alto y oscuro forastero que estaba con su padre que la hizo retroceder.

"Zorah, hija mía", dijo el orfebre, "este es Iblis, el poderoso gobernante de las regiones inferiores, que ha venido para llevarte con él." Creyendo que su hija estaba protegida por el talismán de plata, el orfebre continuó: "Pero dado que tienes tu talismán alrededor del cuello, no necesitas ir... no temas."

"¡Qué!" exclamó el Malvado. "¿Cómo te atreves a intentar engañarme? ¡No permitiré que se me robe de esta manera!" Y extendió su brazo para agarrar la ropa de la joven, pero ella huyó tan rápidamente que su velo quedó atrapado en esos dedos que parecían garras. Zorah corrió lo más rápido que sus pies le permitieron y encontró al talismán junto a la bañera. Se lo puso e inmediatamente quedó protegida del Malvado. Iblis soltó un grito de rabia y le dijo al orfebre: "Está bien, ahora me iré, pero regresaré a buscar a tu hija dentro de siete días... ¡recuerda mis palabras!" Y desapareció para hacer ciertos arreglos con sus demonios.

Resulta que el orfebre urdió un plan, que era este: haría un modelo de cera de su hija y escondería una máquina dentro de su cuerpo para que pudiese caminar y hablar como un ser humano. Trabajó secretamente en la bodega durante siete días y siete noches, hasta que hubo hecho una réplica perfecta de su hija; tan completa, que incluso su madre apenas podía notar la diferencia.

Entonces, habiendo enviado a su hija a la casa de su tía en una aldea cercana, el orfebre esperó a su diabólico visitante.

Efectivamente, mientras estaba sentado en su taller, el Malvado apareció una vez más y dijo: "Anciano, trae aquí a tu hija ahora mismo, sin su talismán; o haré que mis demonios quemen tu casa. No estoy de humor para bromas en este momento."

El orfebre asomó su cabeza a través de las cortinas que conducían a los aposentos de las mujeres y dijo: "Zorah, hija mía, sal de inmediato pues el poderoso Iblis, el Príncipe de las Tinieblas, ha venido por ti."

Cuando escuchó las palabras de su esposo, la mujer del orfebre giró la llave que estaba en la espalda de la hermosa muñeca de tamaño real y le colocó un velo rosado sobre su cabeza. "Escucho y obedezco, padre", dijo con voz suave y separó las cortinas, dándole un empujón a la muñeca. Luego se escondió y esperó.

El orfebre contuvo la respiración al ver a la hermosa criatura deslizarse dentro de la habitación.

Cuando Iblis el Malvado vislumbró la figura oculta, gritó: "Ven a mí ahora, hermosa mortal, para que pueda llevarte conmigo a mi maravilloso reino de las tinieblas. Allí serás mi reina de la noche eterna." Arrancó el velo rosado y vio un par de pestañas modestamente entrecerradas. La voz de la muñeca murmuró suavemente: "Escucho y obedezco, Príncipe de las Tinieblas."

Entonces el Malvado agarró violentamente la imagen y se la llevó en sus brazos hacia las regiones inferiores.

Esa noche hubo una gran fiesta en el reino del fuego perpetuo, pues Iblis previamente había instruido a sus secuaces que preparasen una noche de entretenimiento a puro lujo.

La comida era maravillosa, el vino perfecto, la música alegre. Pero, desafortunadamente, el fuego estaba un poquito fuerte. Mientras el Malvado bebía alegremente sentado en su trono de ébano, la doncella de cera comenzó a derretirse y cayó en las llamas: el prototipo fue devorado en un instante. Los demonios quedaron estupefactos, y apoyándose en sus horcas se preguntaban cómo tomaría la pérdida su amo diabólico.

Para alivio de todos, gritó: "Bueno, estos humanos son muy débiles. Esta joven desdichada solo estuvo con nosotros por un corto rato. ¿Qué chances tenía de durar aquí abajo como mi esposa por toda la eternidad? Yo estaba equivocado. ¡Aticen el fuego!"

Y la fiesta se volvió más alegre y el vino fluyó, mientras el gran fuego crepitaba más fuerte que nunca. El festín continuó hasta bien entrada la noche, y el Malvado jamás volvió a pensar en Zohra, la hija del orfebre.

Encuentro en una ermita

Se dice que esta historia fue contada un día por Emir Hamza (muerto en 1710) en respuesta a la pregunta: "¿De qué manera podrías transmitirnos un equivalente de tu poder para vivir en un mundo diferente al nuestro?"

Se cuenta que él podía "deslizarse en la invisibilidad simplemente dando un paso lateral cuando sus pies estaban en ángulo recto uno con otro". Con respecto a esta y otras maravillas, dijo: "Te prohíbo relacionar cualquier maravilla mía sin agregar que el propósito de la realización de maravillas es el automejoramiento o el pasaje de poder, no el asombro o la fe de los demás."

Otro comentario hecho por Hamza es: "Vamos a otra tierra, efectiva e imaginariamente, a veces de hecho permaneciendo aquí; pero en ocasiones literalmente.

"De este mundo traemos lo que necesitas; comida que nunca ha sido degustada, bebida que nunca ha sido tragada."

Shah Firoz murió en 1660 pero su reputación popular sigue viva, en una nueva forma, como uno de los Guías Ocultos de los Sufis.

HABÍA CAMINADO HACIA una ermita en el Hindu Kush para visitar a su Sheikh y también para ver si podía encontrar algún modo de aquietar mis dudas acerca de demostrar la existencia real del Camino Oculto. Fue después de muchas aventuras que por fin me topé con la agradable visión del humo surgiendo de la chimenea de aquel simple edificio.

Un hombre, sencillamente vestido y con una expresión honesta en su rostro, estaba sentado en silencio ante la puerta de la ermita.

Dijo: "Bienvenido, hermano." Lejos de alegrarme, me perturbó descubrir en este hombre, que seguramente era el vigilante, tan poco respeto por mí.

"¿Eres el vigilante?" pregunté.

"Así me llaman", dijo.

"Estoy buscando al Anciano, el Guía", le comenté.

"Así me llaman", contestó.

Y entonces me alegré de que el gran maestro me hubiese llamado hermano. Al entrar a la casa, un perrito corrió hacia el Sheikh, contentísimo de que hubiese vuelto.

"Bienvenido, hermano", dijo el Sheikh al animal, y me entristecí nuevamente al pensar que mediante este saludo yo había sido puesto al nivel del perro y que en absoluto se me había honrado; pero por cortesía no dije nada, dado que era el invitado.

Pronto estábamos sentados frente a un tazón de yogur; cuando el Guía habló, fue para recitar un poema.

"Una humareda en una montaña: el corazón se alegra.

"Una palabra amable a un perrito: el corazón se entristece." Estaba maravillado que pudiese comprender mis pensamientos secretos de esta manera, y también incómodo y bastante avergonzado.

"Enséñame", dije.

Contestó: "¿Qué es lo que canto y qué es lo que mi laúd canta? Tú y yo no estamos en armonía aunque entienda tus pensamientos. ¿Qué es lo que ya te has enseñado a ti mismo? ¿Qué es lo que otros te han enseñado? Estás inquieto porque has llegado tan lejos y al final de tu camino has encontrado a alguien que puede leer tus pensamientos; y sientes que acaso podrías aprender este poder y usarlo como te plazca. Yo te parezco aceptable, al igual que la gente a veces piensa que las doctrinas son aceptables para ellos. Pero, ¿eres aceptable para mí? Las personas nunca se molestan en pensar que la doctrina puede no aceptarlas."

Por primera vez fui invadido por un temor real; solo, con este hombre de poder en un lugar tan solitario, comencé a temblar.

Y el Guía continuó: "Debes irte. Aún estás demasiado verde para que un maestro te desarrolle; una fruta debe ser tocada por las cosas correctas, por aquellos elementos que la hacen madurar. Vete, esfuérzate, trabaja de todas las formas posibles. Cuando estés más cerca de la madurez serás capaz de comprender adecuadamente la experiencia de tu maestro, Ben-Adhem, quien cedió su trono de Balkh para estar con nosotros.

"Porque él estaba caminando por la calle un día cuando vio una piedra en el piso. En ella estaba escrito 'DAME VUELTA Y LEE.' Entonces la levantó y miró qué había del otro lado. Y allí estaba escrito: '¿POR QUÉ BUSCAS MÁS CONOCIMIENTO SI NO LE PRESTAS ATENCIÓN A LO QUE YA SABES?'"

Apartándome del sabio, pensé para mí: "Ojalá todo el mundo pudiese tener un encuentro como este, ya que al menos sería de publico conocimiento que una enseñanza de este tipo existe en el mundo."

El sabio continuó: "A menudo, el castigo del conocimiento es que se te rían en la cara. Cuéntale a la gente acerca de nuestra conversación aquí y te creerán loco. De esta manera, el conocimiento verdadero se protege a sí mismo."

No intenté pronunciar palabra alguna; pero en mi corazón, tan seriamente como pude, formulé el pensamiento: "¿Cómo puedo servir?"

Y, también sin palabras, Shah Firoz le habló directamente a mi corazón: "Incrementa el deseo de servir y puede que se te dé una oportunidad para servir."
Solamente cuando a través del esfuerzo frecuente alcancé este estado me di cuenta del verdadero valor de mi encuentro con aquel a quien llaman "Shah Firoz".
(Firman-Bardar de Badakhxan)

*   *   *

Quien ha hecho una puerta y una cerradura, también ha hecho una llave.

Dicho

Aprende a comportarte de aquellos que no pueden.

Dicho

El santuario

Descrita por un comentarista como "Una profunda alegoría de la capacidad del hombre para el autoengaño, el poder de racionalización y la tendencia a basar un credo en otro", tradicionalmente se dice que esta historia tiene su origen en Haji Bektash (fallecido en 1337), fundador de la Orden de derviches Bektashi.

Otra opinión sobre la historia es que "pretende mostrar el paralelo entre religión verdadera y lo que el hombre entiende por ello."

La religión real es comparada con la tumba de un santo verdadero: "lo que el hombre entiende por ello es igual al entierro de un asno en vez de un santo."

Se sabe que los derviches han utilizado este cuento para ridiculizarse a sí mismos, diciendo: "Todos los santuarios son un engaño." Hacen esto con el propósito de desalentar a candidatos inadecuados para el discipulado.

EL PADRE DEL Mulá Nasrudín era el respetadísimo guardián de un santuario, la sepultura de un gran maestro, el cual era un lugar de peregrinación que atraía tanto a buscadores como a crédulos.

En el curso normal de los acontecimientos, era de esperar que Nasrudín heredase el puesto de su padre. Pero poco después de cumplir quince años, cuando se lo consideraba un hombre, decidió seguir la vieja máxima: "Busca conocimiento, aunque esté en la China."

"Intentaré no impedírtelo, hijo mío", dijo su padre. Entonces Nasrudín ensilló un burro y partió de viaje.

Visitó las tierras de Egipto y Babilonia, vagó en el desierto árabe, enfiló hacia el norte rumbo a Iconium, Bujara, Samarcanda y las montañas del Hindu Kush, pasando tiempo con derviches y siempre dirigiéndose hacia el lejano Oriente.

Nasrudín cruzaba penosamente la cordillera en Cachemira luego de un desvío a través del Pequeño Tíbet cuando, superado por la enrarecida atmósfera y las privaciones, su burro se tumbó en el suelo y murió.

Nasrudín estaba abrumado por el dolor pues este era el único compañero constante en sus viajes, que habían abarcado una docena de años o más. Desconsolado, enterró a su amigo y levantó un pequeño montículo sobre la tumba. Allí permaneció en silenciosa meditación; las imponentes montañas lo rodeaban arriba y las fluyentes aguas abajo.

Muy pronto la gente que tomaba el camino montañoso entre India y Asia Central, la China y los santuarios del Turkestán, comenzó a notar a esta solitaria figura: a veces llorando por su pérdida y otras contemplando los valles de Cachemira.

"Esta seguramente debe ser la tumba de un santo", se decían unos a otros; "y un hombre de grandes logros, si su discípulo lo llora así; pues ha estado aquí durante muchos meses y su pena no muestra signos de debilitamiento."

En ese momento pasó un hombre rico y dio órdenes para que en ese lugar se erigieran una cúpula y un santuario, como acto piadoso. Otros peregrinos labraron la tierra en la ladera de la montaña y plantaron cultivos, cuyas ganancias fueron destinadas al mantenimiento del santuario. La fama del Enlutado Derviche Silencioso se propagó hasta llegar a los oídos del padre de Nasrudín, quien de inmediato partió en peregrinación hacia el lugar santificado. Cuando vio a su hijo le preguntó qué había sucedido. Nasrudín le contó. El viejo derviche levantó sus brazos del asombro:

"Debes saber, hijo mío", exclamó, "que el santuario donde fuiste criado y al cual abandonaste fue erigido exactamente de la misma manera, por una serie de eventos similares, cuando murió mi burro hace más de treinta años."

* * *

La sal no es atacada por las hormigas.

Proverbio

Mushkil Gusha

Cuando varias personas se reúnen y están armonizadas de una cierta manera, excluyendo a las que provocan la desarmonía, tenemos lo que denominamos un acontecimiento. Esto de ningún modo es lo que en culturas contemporáneas se considera un acontecimiento. Ellas llaman acontecimiento a algo que ocurre e impresiona a la gente mediante impactos subjetivos; esto es lo que algunos denominan "acontecimiento menor", pues tiene lugar en el mundo inferior, aquel de las relaciones humanas fácilmente producidas, sintetizadas, conmemoradas.

El acontecimiento real, del cual el acontecimiento menor es una similitud útil (ni más ni menos), es aquel que pertenece al dominio superior.

No podemos traducir fielmente un suceso superior mediante rebuscadas representaciones terrestres y encima conservar la exactitud. Algo de inmensa importancia en un dominio superior no podría ser expresado cabalmente en términos de literatura, ciencia o drama, sin pérdida de valor esencial. Pero ciertos cuentos, siempre que contengan elementos del área del acontecimiento superior que acaso parezcan absurdos, improbables, inverosímiles o incluso defectuosos, pueden (junto con la presencia de cierta gente) comunicar el acontecimiento superior a la zona necesaria de la mente.

¿Por qué el hacerlo es importante? Porque la familiaridad con el "acontecimiento superior", como quiera que se produzca, le posibilita a la mente del individuo operar en el dominio superior. El cuento de Mushkil Gusha es un ejemplo. La mismísima "falta de completitud" en los acontecimientos, el "desorden" del tema, la ausencia de ciertos factores que nos hemos acostumbrado a esperar de una historia: en este caso, estos son indicios del paralelo mayor.

La historia de Mushkil Gusha

ÉRASE UNA VEZ, a menos de mil millas de aquí, un pobre y viejo leñador, que era viudo, y su hijita. Él solía ir todos los días a las montañas para cortar leña que traía a casa y ataba en haces. Luego acostumbraba desayunar y caminar hacia el pueblo más cercano, donde vendía su leña y descansaba un rato antes de regresar a casa.

Un día, al llegar muy tarde al hogar, la niña le dijo: "Padre, a veces quisiera que pudiésemos tener mejor comida, más cantidad y variedad de cosas para comer."

"Muy bien, hija mía", dijo el viejo; "mañana me levantaré mucho más temprano que de costumbre. Me adentraré más en los bosques de las montañas, donde hay más leña, y traeré una cantidad mucho mayor de la habitual. Llegaré a casa más temprano y podré atar la leña más rápido, iré al pueblo y la venderé para que tengamos más dinero y pueda traerte al regreso todo tipo de cosas ricas para comer."

A la mañana siguiente, el leñador se levantó antes del alba y fue hacia las montañas. Trabajó duramente cortando leña y recortándola, y con ella hizo un enorme haz que acarreó sobre sus espaldas hasta su casita.

Cuando llegó a su hogar todavía era muy temprano. Puso la carga de leña en el suelo y golpeó la puerta diciendo: "Hija, hija, abre la puerta, pues tengo hambre y sed y necesito comer antes de ir al mercado."

Pero la puerta estaba trabada. El leñador se sentía tan cansado que se recostó, y pronto se durmió junto a su haz de leña. La niñita, habiendo olvidado todo acerca de la conversación de la noche anterior, estaba completamente dormida en su cama. Cuando el leñador se despertó unas horas más tarde, el sol aún estaba en lo alto; golpeó la puerta nuevamente y dijo: "Hija, hija, ven rápido; tengo que comer un poquito de comida e ir al mercado para vender la leña, pues ya estoy comenzando mucho más tarde de lo habitual."

Pero mientras tanto, habiendo olvidado todo acerca de la conversación de la noche anterior, la niñita se había levantado, ordenado la casa y salido de caminata; había también trabado la puerta, suponiendo en su olvido que su padre aún estaba en el pueblo.

Entonces el leñador pensó: "Es bastante tarde para ir al pueblo. Por lo tanto regresaré a las montañas y cortaré otro haz de leña, el cual traeré a casa, y mañana llevaré una doble carga al mercado."

Durante todo el día el viejo trabajó en las montañas cortando leña y dando forma a las ramas. Ya era de noche cuando llegó a casa con los maderos sobre sus hombros.

Dejó su carga detrás de la casa, golpeó la puerta y dijo: "Hija, hija, abre la puerta que estoy cansado y no he comido nada en todo el día. Tengo un doble haz de leña que espero llevar mañana al mercado. Esta noche tengo que dormir bien para poder estar fuerte."

Pero no hubo respuesta pues la niñita, al llegar a casa, se sintió muy somnolienta, preparó algo para comer y se fue a la cama. Al principio había estado muy preocupada porque su padre no estaba en casa, pero luego decidió que seguramente había hecho algunos arreglos para pasar la noche en el pueblo.

Una vez más, descubriendo que no podía entrar a la casa, cansado, hambriento y sediento, se recostó junto a sus haces de leña y se quedó profundamente dormido. No pudo mantenerse despierto a pesar del miedo que sentía de lo que pudiese haberle pasado a su hija.

Resulta que el leñador, porque tenía tanto frío y hambre y cansancio, se despertó muy pero muy temprano a la mañana siguiente: incluso antes de que hubiese luz. Se sentó y miró alrededor, pero no podía ver nada. Y luego sucedió algo extraño. El leñador creyó oír una voz que decía: "¡Apúrate, apúrate! Deja la leña y ven por aquí. Si tienes mucha necesidad y te conformas con lo justo para cubrirla, tendrás comida deliciosa." El leñador se levantó y caminó en dirección de la voz. Y caminó y caminó... pero no encontró nada. A esta altura ya sentía más frío y más hambre y más cansancio que nunca, y además estaba perdido. Había estado lleno de esperanza, pero eso no parecía haberlo ayudado. Ahora se sentía triste y quería llorar. Pero se dio cuenta de que llorar tampoco lo ayudaría, de modo que se recostó y se durmió.

Al ratito volvió a despertarse. Hacía demasiado frío y tenía demasiada hambre para dormir. Entonces decidió contarse a sí mismo, como si fuera una historia, todo lo que le había sucedido desde que su hijita le hubo dicho por primera vez que ella quería un tipo de alimento diferente.

Apenas hubo terminado su historia creyó oír otra voz que, en algún lugar por encima de él y como surgiendo del alba, decía: "Viejo, ¿qué haces sentado allí?"

"Me estoy contando mi propia historia", dijo el leñador.

"¿Y cuál es?" dijo la voz.

El viejo repitió el cuento. "Muy bien", dijo la voz. Y luego la voz le dijo al viejo leñador que cerrase los ojos y subiese a un escalón. "Pero no veo ningún escalón", dijo el viejo. "No importa, pero haz lo que te digo", respondió la voz.

El viejo hizo lo que se le pidió. Apenas hubo cerrado sus ojos descubrió que estaba erguido y al levantar su pie derecho sintió que debajo había algo así como un peldaño. Comenzó a subir lo que parecía ser una escalera. De repente, todos los escalones comenzaron a moverse muy rápidamente y la voz dijo: "No abras los ojos hasta que te diga que lo hagas."

Al poquito tiempo la voz le dijo al viejo que abriese los ojos. Cuando lo hizo descubrió que estaba en un lugar que parecía más bien un desierto, con el sol castigándolo. Estaba rodeado de enormes cantidades de guijarros; guijarros de todos los colores: rojo, verde, azul y blanco. Pero parecía estar solo. Miró a su alrededor y no podía ver a nadie, mas la voz comenzó a hablar de nuevo.

"Agarra tantas de estas piedras como puedas", dijo la voz, "luego cierra tus ojos y camina bajando los escalones una vez más."

El leñador hizo lo que se le dijo; y cuando abrió nuevamente los ojos, por orden de la voz, se encontró ante la puerta de su propia casa.

Golpeó la puerta y su hijita la abrió. Ella le preguntó dónde había estado y él le contó, aunque la niña apenas podía entender lo que le estaba diciendo pues todo sonaba muy confuso.

Entraron a la casa, y la niña y su padre compartieron el último alimento que les quedaba: un puñado de dátiles secos. Cuando hubieron terminado, el viejo creyó oír una voz que le hablaba nuevamente, una voz como la otra que le había dicho que subiese las escaleras.

La voz dijo: "Aunque acaso aún no lo sepas, han sido salvados por Mushkil Gusha. Recuerda que Mushkil Gusha está siempre aquí. Cada jueves por la noche asegúrate de comer algunos dátiles, darle algunos a cualquier persona necesitada y contar la historia de Mushkil Gusha; o dale a alguien que ayudará a los necesitados un regalo en nombre de Mushkil Gusha. Asegúrate de que la historia de Mushkil Gusha nunca, nunca se olvide. Si haces esto, y también lo hacen aquellos a quienes les cuentes la historia, las personas que están verdaderamente necesitadas siempre encontrarán su camino."

El leñador puso todas las piedras que había traído del desierto en un rincón de su casita; realmente parecían piedras ordinarias y no sabía qué hacer con ellas.

Al día siguiente llevó al mercado los dos enormes haces de leña y los vendió fácilmente a un precio alto. Cuando volvió a casa le dio a su hija todo tipo de alimentos deliciosos que ella jamás había probado; y cuando terminaron de comerlos, el viejo leñador dijo: "Ahora te voy a contar la historia completa de Mushkil Gusha. Mushkil Gusha es 'el disipador de toda dificultad'. Nuestras dificultades han sido disipadas gracias a Mushkil Gusha y siempre debemos recordarlo."

Durante casi una semana después de ese episodio, el viejo siguió como de costumbre. Iba a las montañas, traía leña de regreso, comía, llevaba los leños al mercado y los vendía. Siempre encontraba un comprador sin dificultad.

Entonces llegó el siguiente jueves y, tal como es costumbre entre los hombres, el leñador olvidó repetir el cuento de Mushkil Gusha.

Ya avanzada la noche, en la casa de los vecinos del leñador, el fuego se había apagado; ellos no tenían con qué volver a encender el fuego y fueron a la casa del leñador. Dijeron: "Vecino, vecino, por favor danos un poco del fuego de esas maravillosas lámparas tuyas que vemos brillar a través de la ventana."

"¿Qué lámparas?" preguntó el leñador.

"Ven afuera", dijeron los vecinos, "y verás a lo que nos referimos."

Entonces el leñador salió y vio, en efecto, todo tipo de radiantes luces brillando desde el interior de la casa a través de la ventana.

Entró de nuevo a la casa y notó que la luz brotaba del montón de guijarros que había puesto en el rincón; mas los rayos de luz eran fríos y no era posible usarlos para encender un fuego. Entonces salió y les dijo: "Vecinos, lo lamento, no tengo fuego."

Y les cerró la puerta en sus caras. Estaban molestos y confundidos, y regresaron a su casa refunfuñando. Aquí dejan nuestra historia.

El leñador y su hija cubrieron rápidamente las luces brillantes con cuanto pedazo de tela pudieron encontrar, por miedo de que alguien viese el tesoro que tenían. A la mañana siguiente, cuando destaparon las piedras, descubrieron que eran luminosas gemas preciosas.

Llevaron las joyas, una por una, a pueblos vecinos donde las vendieron a un precio altísimo. Entonces el leñador decidió construir un palacio magnífico para él y su hija. Eligieron un terreno que estaba justo en frente del castillo del rey de su país. En poquísimo tiempo surgió un maravilloso edificio.

Ahora bien, ese rey en particular tenía una hermosa hija que un día, cuando se despertó por la mañana, vio una especie de castillo digno de un cuento de hadas justo enfrente del de su padre y quedó asombrada. Preguntó a sus sirvientes: "¿Quién ha construido ese castillo? ¿Qué derecho tiene esa gente a hacer tal cosa tan cerca de nuestro hogar?"

Los sirvientes se pusieron a investigar y al regresar le contaron la historia, o tanto como pudieron averiguar, a la princesa.

La princesa mandó a llamar a la hija del leñador, pues estaba muy enojada con ella; pero cuando las dos niñas se encontraron y hablaron, pronto se hicieron amigas. Comenzaron a juntarse todos los días e iban a nadar y jugar en el arroyo que el padre había hecho para la princesa. A los pocos días de haberse conocido por primera vez, la princesa se quitó un valioso y hermoso collar y lo colgó en un árbol justo a lado del arroyo; olvidó recogerlo al salir del agua y cuando llegó a casa creyó que lo había perdido.

La princesa pensó un poquito y decidió que la hija del leñador había robado su collar. Entonces le dijo a su padre y este hizo que arrestaran al leñador; confiscó el castillo y embargó todos sus bienes. El viejo fue arrojado a la prisión y la hija puesta en un orfanato.

Tal como era costumbre en ese país, pasado cierto período de tiempo, el leñador fue sacado del calabozo y lo encadenaron a un poste en la plaza pública con un cartel colgado de su cuello. En este estaba escrito: "Esto es lo que les sucede a aquellos que roban a los reyes."

Al principio, la gente se le acercaba y se burlaban y le arrojaban cosas; el leñador estaba tremendamente afligido.

Pero muy pronto, como suele suceder con los hombres, todos se acostumbraron a ver al viejo sentado allí junto al poste y casi ni le prestaban atención. A veces le tiraban sobras de comida, a veces no.

Un día escuchó por casualidad a alguien decir que era jueves por la tarde. De repente se acordó que pronto sería la noche de Mushkil Gusha, el disipador de toda dificultad, y que durante muchos días se había olvidado de conmemorarlo.

Apenas había entrado este pensamiento en su cabeza cuando un hombre caritativo que pasaba por allí le arrojó una monedita. El leñador exclamó: "Generoso amigo, me has dado dinero, el cual no me sirve para nada. Sin embargo, si fueras tan amable en comprar uno o dos dátiles y sentarte para comerlos conmigo, te estaré eternamente agradecido."

El hombre fue y compró unos dátiles. Y se sentaron y los comieron juntos. Cuando terminaron, el leñador le contó la historia de Mushkil Gusha. "Creo que estás loco", dijo el hombre generoso. Pero era una persona bondadosa que a su vez tenía muchas dificultades. Cuando llegó a su casa luego de este incidente, encontró que todos sus problemas habían desaparecido. Y eso le hizo pensar mucho acerca de Mushkil Gusha. Pero él deja aquí nuestra historia.

IDRIES SHAH

A la mañana siguiente, la princesa regresó al lugar donde habitualmente se bañaba. Estando a punto de entrar al agua, vio en el fondo del arroyo algo que parecía ser su collar. Cuando estaba lista para zambullirse con la intención de recobrarlo, por casualidad estornudó. Su cabeza fue para atrás y vio que aquello que había pensado que era el collar era simplemente su reflejo en el agua: estaba colgando de la rama del árbol donde lo había dejado hacía ya bastante tiempo. Tomando el collar, la princesa corrió con entusiasmo para contarle a su padre lo que había sucedido. El rey dio órdenes para que liberasen al leñador y recibiera una disculpa pública. La niña fue traída desde el orfanato y todos vivieron felices para siempre.

Estos son algunos de los incidentes en la historia de Mushkil Gusha. Es un cuento muy largo y nunca se termina. Tiene muchas formas: algunas de ellas ni siquiera se llaman la historia de Mushkil Gusha y es por eso que la gente no las reconocen como parte del cuento. Pero es debido a Mushkil Gusha que su historia, en cualquiera de sus formas, es recordada por alguien, en algún lugar del mundo, día y noche, dondequiera que haya gente. Siempre se ha recitado su historia, y así continuará siendo para siempre.

¿Repetirás *tú* la historia de Mushkil Gusha los jueves por la noche para ayudar al trabajo de Mushkil Gusha?

*   *   *

Una mano no aplaude con un pie.

Proverbio

134

Engañando a la muerte

Había una vez un hombre llamado Omar, que era un mercader muy acaudalado. Tenía una flota de regios barcos que traían mercancías de tierras lejanas. Su linaje era noble, su honor inmaculado.

Un día su buena fortuna lo abandonó. Llegaron noticias de que toda su flota había naufragado debido a una feroz tormenta que terminó ahogando hasta el último de sus marineros.

"¡Qué Alá tenga misericordia de mí!" gritó Omar. "Seguramente este es el peor día de mi vida." Pero había más por venir. Al regresar a su casa descubrió que un incendio había arrasado con ella, su stock de sedas y joyas había desaparecido, su oro robado por ladrones. Los sirvientes, incapaces de mirarlo a los ojos, habían escapado. Estaba solo, sin dinero, sin hogar, sin bienes.

"Sin mis tesoros estoy acabado", pensó, "es insoportable pensar en mantener mi cabeza en alto entre aquellos que me respetaban por mi riqueza y posición. ¿Cómo puedo comenzar de nuevo con esta agonía? Es imposible." Y entonces decidió armarse de valor y se arrojó al mar desde un acantilado. Las furiosas aguas se cerraron sobre su cabeza y cayó como en un pozo sin fondo.

Pero el mar, luego de casi ahogarlo, lo arrojó a la playa. Allí yacía, enceguecido por el sol, en ropas desgarradas e inmundas, incapaz de creer que aún estaba vivo.

"Solamente quiero morir", le gritó al desatento cielo, "ya no puedo seguir viviendo."

Se levantó y tambaleó a través de las rocas sobre la playa, pensando en muchas formas de quitarse la vida.

En las calles del pueblo donde erró, medio enloquecido por la desesperación, nadie lo reconocía como el otrora gran mercader que solía ser. Allí fue empujado, atropellado, los niños se le burlaban.

De repente hubo un grito: "¡Muerte a todos los reyes y gobernantes!" Omar escuchó la voz de un mendigo loco y harapiento que agitaba un cuchillo. Se detuvo para ver qué estaba sucediendo. Ello era a las puertas del palacio real, donde el capitán de la guardia yacía muerto, asesinado por el loco.

Los soldados parecían impotentes para detener al enorme mendigo y Omar corrió rápidamente para ayudar al rey, mientras la brillante hoja se elevó nuevamente en la enloquecida mano del mendigo. Sin temor, Omar forcejeó con aquel y rodaron una y otra vez sobre el piso de mármol. Los guardias entraron de prisa en el salón del trono y decapitaron al loco.

"Detente", dijo el rey mientras Omar intentaba escaparse, decidido a encontrar otra forma de provocar su propia destrucción. "Ven aquí, mi buen amigo, pues debo recompensarte por haber salvado mi vida."

"Su majestad", dijo Omar, "no deseo recompensa alguna, solamente deseo morir."

"¿Morir?" preguntó el rey. "¿Por qué querrías morir? Cuéntamelo todo, sin omitir detalle."

"Todos mis barcos han naufragado, mi casa se ha quemado, mi oro fue robado por ladrones. Ya no puedo mantener mi cabeza en alto entre mis asociados, por lo tanto debo encontrar la forma más rápida de dejar este mundo infeliz. Incluso el mar se negó a ahogarme."

"¡Necio!", dijo el rey, "te beneficiarás por haberme salvado la vida. ¿Acaso no está prohibido cometer el gran pecado de quitarse la propia vida? Ven, recobrarás todo lo que has perdido y volverás a ocupar una posición prominente en el país."

El rey le dio instrucciones a su gran visir de que Omar recibiese una túnica de honor, que se construyesen nuevos barcos para él, sin reparar en los costos, y que se le restituyese todo su oro tomándolo del tesoro real.

Desde ese momento Omar volvió a ser respetado y honrado, y perdió el deseo de morir.

Con el tiempo se hizo tan rico que fue capaz de pedir en matrimonio a la hija del rey, y amasó una enorme fortuna en mercancías fabulosas.

Un día estaba caminando en su jardín de rosas, oliendo una flor particularmente hermosa, cuando escuchó una voz que lo llamaba por su nombre. Se volvió y vio a una figura alta, con rostro cubierto y manos entrelazadas, de pie junto a un árbol.

"¡La paz sea contigo!" dijo Omar. "¿A quién tengo el placer de saludar?"

"Soy el Ángel de la Muerte", dijo la amortajada figura, "y he venido a llevarte al Paraíso. Debes venir conmigo ahora."

"Oh, no, no, no puedo ir contigo", dijo Omar, "no estoy listo para ir ahora. Tengo una vida espléndidamente rica, todo lo que necesito, y a la hija del rey como esposa. Por favor, perdóname, déjame disfrutar un rato más las cosas buenas de este mundo maravilloso."

"Debes venir conmigo", dijo el Ángel de la Muerte. "Tengo mi deber, como cualquier otra persona. Ven, pues también debo partir en busca de otros hombres."

Entonces a Omar se le ocurrió un plan astuto.

"No estoy preparado", dijo. "Déjame ir a la mezquita y decir mis oraciones; entonces iré contigo voluntariamente."

"¿Vendrás conmigo luego de haber dicho tus oraciones? ¿Lo prometes?" preguntó el Ángel.

"Sí, lo prometo", dijo Omar, inclinando su cabeza para esconder una sonrisa.

El Ángel desapareció y Omar rió en voz alta.

Y desde ese día Omar nunca se acercó a una mezquita.

Pasaron los años y Omar se volvió más y más importante. Cuando aparecieron sus primeras canas, se miró en un espejo y pensó: "Cuán distinguido me he vuelto; seguramente soy la persona más importante del país, después de mi respetado suegro el rey."

En ese momento un sirviente entró para decir que el rey requería la presencia de Omar en la corte antes de que transcurriese la hora.

Omar se apresuró para escuchar lo que el rey tenía para decir. "Mi querido Omar", dijo el monarca, "el maestro religioso de la mezquita turquesa ha muerto, y no puedo pensar en nadie más adecuado que tú para tomar su lugar. Ven, ya que es viernes, vayamos juntos y así podrás dirigir la oración del mediodía."

"¡No, no, su majestad!" dijo Omar con angustia, "yo... yo no soy digno, elige a otro por favor... a cualquiera menos a mí."

"Tu modestia te enaltece", dijo el rey, "pero ahora estoy incluso más decidido a que seas tú. Apurémonos, pues ya son casi las doce." Acompañados por los cortesanos, el rey y Omar caminaron hacia la mezquita turquesa.

A pesar de que en lo alto el sol calentaba fuertemente, Omar sintió como si una mano helada lo agarrase del corazón. Su orgullo lo abandonó y supo que el Ángel de la Muerte no estaba lejos. Llegaron a la mezquita y Omar guio a la congregación en la plegaria. Mientras los fieles se arrodillaban y levantaban y se volvían a arrodillar, Omar le oró a Alá con un fervor inusitado. Le suplicó al Todopoderoso que perdonase los grandes pecados de su vida y que tuviese compasión.

Tras unos momentos el Ángel de la Muerte, con cabeza cubierta y manos entrecruzadas, se apareció ante Omar, invisible para el resto.

"Ven conmigo ahora", dijo el Ángel, "he esperado mucho tiempo por ti y este es tu día del juicio final."

De repente Omar sintió una gran paz en su corazón. Inclinó su cabeza. "Muy bien", dijo, "después de todo es un gran alivio verte al fin. Iré contigo. A fin de cuentas el Paraíso es una justa recompensa para todos los verdaderos creyentes después de esta vida sobre la tierra."

"No, no es así", dijo el Ángel. "No estoy aquí para llevarte al Paraíso. Vine antes para así hacerlo, pero recuerda que me engañaste; y ahora serás castigado. Has de ser enviado a las regiones inferiores, pues has tenido tu paraíso en la tierra."

Antes de que Omar pudiese emitir un grito, el Ángel de la Muerte lo abrazó con sus helados brazos y se lo llevó, dejando sobre el piso de mármol una figura sin vida, ataviada con una túnica invaluable, arrodillada como si estuviese rezando.

* * *

Una nuez tiene un núcleo dulce: un dátil tiene un hueso inútil.

Proverbio

La ausencia de respuesta es en sí misma una respuesta.

Proverbio

Los tres perceptivos

HABÍA UNA VEZ tres Sufis tan observadores y experimentados en la vida que eran conocidos como Los Tres Perceptivos.

Un día durante uno de sus viajes se toparon con un camellero, quien dijo: "¿Han visto a mi camello? Lo he perdido."

"¿Es ciego de un ojo?" preguntó el primer Perceptivo.

"Sí", dijo el camellero.

"¿Le falta un diente de adelante?" preguntó el segundo Perceptivo.

"Sí, sí", dijo el camellero.

"¿Está cojo de un pie?" preguntó el tercer Perceptivo.

"Sí, sí, sí", dijo el camellero.

Entonces los tres Perceptivos le dijeron al hombre que desandase el camino que ellos habían recorrido, y que quizá lo encontraría. Creyendo que lo habían visto, el hombre se apresuró a emprender su ruta.

Pero el hombre no encontró a su camello, y se apuró para alcanzar a los Perceptivos con la esperanza de que le dijesen qué hacer.

Los encontró esa misma noche en una posada.

"Tu camello, ¿lleva una carga de miel en un lado y una de maíz en el otro?" preguntó el primer Perceptivo.

"Sí", dijo el hombre.

"¿Hay una mujer embarazada montada sobre él?" preguntó el segundo Perceptivo.

"Sí, sí", dijo el hombre.

"No sabemos dónde está", dijo el tercer Perceptivo.

El camellero ahora estaba convencido de que los Perceptivos habían robado su camello, con pasajera incluida, y los llevó ante el juez acusándolos de robo.

El juez creyó que el acusador había argumentado bien su caso y detuvo a los tres hombres bajo sospecha de hurto. Un poco más tarde, el hombre encontró su camello errando por los campos y regresó a la corte para acordar la liberación de los Perceptivos.

El juez, que no les había dado una oportunidad para que se explicasen, les preguntó cómo era que sabían tanto sobre el camello si aparentemente no lo habían visto.

"Vimos las pisadas del camello en el camino", dijo el primer Perceptivo.

"Una de las huellas era tenue: debe de haber sido cojo", dijo el segundo Perceptivo.

"Había mordisqueado los arbustos de un solo lado del camino, así que debe haber estado ciego de un ojo", dijo el tercer Perceptivo.

"Las hojas estaban desmenuzadas, lo que indica la pérdida de un diente", continuó el primer Perceptivo.

"Abejas y hormigas, en distintos lados del camino, pululaban sobre algo depositado allí; vimos que era miel y maíz", dijo el segundo Perceptivo.

"Encontramos largos cabellos humanos donde alguien se había detenido y desmontado; eran de una mujer", dijo el tercer Perceptivo.

"Notamos huellas de manos donde la persona se había sentado, por lo tanto llegamos a la conclusión de que la mujer probablemente estaba muy embarazada y había tenido que pararse de ese modo", dijo el primer Perceptivo.

"¿Por qué no apelaron para que fuese escuchado su lado de la historia y así pudiesen explicarse?" preguntó el juez.

"Porque calculamos que el camellero continuaría buscando a su camello y que lo encontraría pronto", dijo el primer Perceptivo.

"Se sentiría generoso al liberarnos mediante su descubrimiento", dijo el segundo Perceptivo.

"La curiosidad del juez daría lugar a una investigación", dijo el tercer Perceptivo.

"Descubrir la verdad por sus propias indagaciones sería mejor para todos, y no que protestemos acerca de lo mal que se nos trató", dijo el primer Perceptivo.

"Según nuestra experiencia, generalmente es mejor para las personas llegar a la verdad mediante lo que ellas consideran que es su propia iniciativa", dijo el segundo Perceptivo.

"Es hora de que sigamos adelante, pues hay trabajo por hacer", dijo el tercer Perceptivo.

Y los pensadores Sufis continuaron su camino. Aún se los puede encontrar trabajando en las vías de la tierra.

Extractos

Definiciones del Mulá Do-Piaza

Reportero:	Un gato esperando a la salida de una ratonera.
Enfermedad:	El mensajero de la muerte.
Deudor:	Un burro en un atolladero.
Comunidad:	Irracionales unidos por la esperanza de la imposible.
Paciencia:	Un soporte para los desilusionados.
Espada de Dios:	Los estómagos vacíos de los pobres.
Preocupación:	Algo que te enferma innecesariamente.
Espejo:	Un medio para reírte en tu propia cara.
Drogas:	Fuente de la experiencia mística del ignorante.
Una prueba:	Una dificultad que no esperas.
Pobreza:	El resultado del matrimonio.
Intelectual:	Alguien que no tiene oficio.
Penitente:	Alguien a quien lo han hecho incapaz de disfrutar.
Sabiduría:	Algo que puedes aprender sin saberlo.
Un tonto:	Un hombre tratando de ser honesto con los deshonestos.
Valiente:	Alguien buscando una prueba.
Amigos:	Sustancias materiales.
Emocionalista:	Un hombre o una mujer que cree que ha experimentado lo divino.
Poeta:	Un mendigo con orgullo.
Partidario:	Alguien que dirá cualquier cosa.
Soborno:	Sustituto de la ley, la cual es un sustituto de la justicia.

Hombre veraz:	Aquel que, secretamente, es considerado por todos como un enemigo.
Halago:	Uno de los negocios más promisorios... está siempre en alza.
Adepto:	Alguien que creerá cualquier cosa excepto lo que debería.

Las definiciones del Mulá conforman materiales de contemplación más que aforismos. Se supone que el lector debería ser capaz de interpretar cada dicho de varias maneras diferentes. Como ejemplo, el mensaje acerca del Tonto podría significar: "No seas honesto con los deshonestos"; o podría querer decir "No intentes ser honesto: *sé* honesto." La mayoría de la gente tiende a interpretar los dichos defensivamente. Esto, dice Do-Piaza, "es el primer paso hacia no ser defensivo."

*   *   *

Él descarta una colcha por miedo a los insectos.
Proverbio

Si no tienes problemas.... compra una cabra.
Proverbio

Los dos hermanos

HABÍA UNA VEZ dos hermanos que juntos cultivaban un campo y siempre compartían la cosecha.

Un día, uno de ellos despertó en medio de la noche y pensó: "Mi hermano está casado y tiene hijos. Debido a esto tiene preocupaciones y gastos que yo no tengo. Así que iré y moveré algunos sacos de mi porción a su almacén, lo cual es justo. Haré esto al amparo de la noche, para que su generosidad no me impugne el gesto."

Movió los sacos y volvió a la cama.

Poco después el otro hermano se despertó y pensó: "No es justo que yo tenga la mitad de todo el maíz de nuestro campo. Mi hermano, que no está casado, carece del placer de tener una familia y por ende intentaré compensarlo un poquito moviendo parte de mi maíz a su almacén."

Y diciendo esto, lo hizo.

A la mañana siguiente, ambos estaban asombrados de tener la misma cantidad de sacos en sus respectivos almacenes; y luego ninguno de los dos pudo entender por qué, año tras año, el número de sacos se mantenía constante, incluso cuando ambos cambiaban algunos a hurtadillas.

*   *   *

Sé un perro, pero no seas un hermano menor.

Proverbio

El ángel y el hombre caritativo

UN DÍA, UN venerable ermitaño que había pasado muchos años en contemplación y aislamiento recibió la visita de una criatura celestial.

Y entonces sintió que aquí estaba el resultado de sus austeridades, una confirmación de que estaba progresando sobre el camino hacia la santidad.

"Eremita", dijo el ángel, "has de ir y decirle a cierto hombre caritativo que ha sido decretado por el Altísimo que, debido a sus buenas obras, él habrá de morir en exactamente seis meses a partir de ahora y será llevado directo al paraíso."

Encantado, el ermitaño fue corriendo a la casa del hombre caritativo.

Cuando escuchó el mensaje, el hombre caritativo incrementó sus obras de bien, deseando poder ayudar a más gente a pesar de que ya se le había prometido el paraíso.

Pero pasaron tres años y el hombre caritativo no murió; continuó trabajando despreocupadamente.

Mas el ermitaño, sintiéndose frustrado porque su predicción no había resultado ser cierta, molesto porque después de todo parecía que había tenido apenas una alucinación y herido pues la gente lo señalaba en la calle como un falso profeta y supuesto anfitrión de visitantes celestes, se estaba volviendo tan amargado que nadie soportaba su compañía... ni siquiera él mismo.

Entonces el ángel apareció otra vez y le dijo:

"¿Ves qué cosa tan frágil eres? Es cierto que el hombre caritativo ha ido al paraíso y de hecho ha 'muerto' de una cierta manera solo conocida por los elegidos, mientras aún disfruta de esta vida. Pero tú, tú todavía eres casi inútil. Ahora que has sentido el escozor que provoca la vanidad, quizá seas capaz de comenzar el camino hacia la espiritualidad."

Hospitalidad

LA GENTE DEL Turkestán es famosa por su generosidad, su autoestima y su amor por los caballos.

Cierto turkestano llamado Anwar Beg fue una vez dueño de un caballo hermoso, veloz y de alto pedigrí. Todo el mundo lo codiciaba, pero él se rehusaba a venderlo, sin importar el precio ofrecido.

Una y otra vez Anwar era visitado por un amigo suyo, un vendedor de caballos cuyo nombre era Yakub, quien albergaba la esperanza de que podría comprar el caballo; pero Anwar siempre se negaba a vender.

Un día, al escuchar que Anwar atravesaba tiempos difíciles, Yakub se dijo: "Iré a lo de Anwar ahora. Seguramente se desprenda del caballo, pues es tal su valor que la venta le restaurará su fortuna."

No perdió tiempo en dirigirse a la casa de su amigo.

Como dicta la costumbre en aquel país, Anwar le dio la bienvenida a Yakub; pero antes de ponerse a hablar de negocios estaba la cuestión de la hospitalidad tradicional. Se les sirvió comida y la compartieron con deleite.

Cuando finalmente Yakub pudo traer a colación la razón de su visita, el empobrecido Anwar dijo:

"Ahora no es posible que tengamos una discusión acerca del caballo. La hospitalidad viene primero; y dado que me visitas en mi pobreza y tengo que atenderte... has de saber que tuvimos que matar al caballo para ofrecerte comida y así desempeñar de la mejor manera posible las obligaciones de un anfitrión."

Los mongoles

CUANDO SAMARCANDA FUE destruida por las hordas mongoles, aquellos que no murieron en la lucha huyeron hacia Oriente y Occidente; y muchos solamente alcanzaron la muerte en el desierto. Hambruna, pestilencia, los crueles jinetes de Mongolia destruyeron a muchísimos más: hombres, mujeres e incluso niños.

Se estima que, aparte de los caídos en batalla, treinta millones fueron muertos por los Khans que juraron borrar de la tierra a todos aquellos que no pertenecían a su raza.

Khwaja Anis, el maestro derviche cuyo asentamiento en Afganistán recibía a muchos refugiados que buscaban cobijo, les habló así:

"Ustedes culpan a los mongoles. Pero sus propios hábitos y desunión han sido parcialmente responsables. Este flagelo fuè, al menos en parte, provocado por el funcionamiento de su propia insensatez, acumulada durante siglos.

"Han perdido una batalla y creen que han perdido una guerra. Los mongoles están exultantes y triunfantes, se ufanan ante ustedes, hacen que la gente de todos los países vecinos, e incluso de los lejanos también, grite con deleite ante vuestra frustración o se vuelva ciega a vuestra miseria.

"Los Mongoles los han desplazado de sus propias casas, tomado sus rebaños y sus tierras, parecen estar erguidos en todas partes llenos de valor y éxito. A ustedes los denominan mujeres y cobardes.

"A pesar de sus defectos y la creencia de sus detractores en vuestra debilidad, ustedes triunfarán. Yo les anuncio una ley de los pueblos que nunca ha sido negada.

"Ustedes y sus hijos serán testigos de la humillación de estos opresores extranjeros. La humillación será tal que desaparecerán completamente. El mundo del Islam resurgirá; y en el Turkestán, en Jorasán, en Irán y en todos los demás países que han tomado, los mongoles permanecerán apenas como un recuerdo.

"Incluso entre aquellos que hoy se deleitan con sus victorias, ninguno llorará por su disolución. Aquello que en este momento parece por demás imposible es precisamente lo que sucederá."

(Recitales de Khwaja Anis)

Carta de una reina

MAHMUD DE GAZNA fue un gran conquistador afgano del siglo décimo y cuyo mismísimo nombre inspiraba terror en los corazones de los persas e indios.

Cuando murió el gobernante del Iraq persa, su esposa Saeda asumió como regente en la provincia. Mahmud le escribió a ella exigiéndole tributo, bajo amenaza de invasión. Esta es la carta que la reina madre le envió a Ghazni:

"Mientras mi esposo estaba vivo, yo le temía al gran rey Mahmud que ha invadido Persia y la India. Ahora ya no tengo miedo; sé que semejante monarca jamás enviaría un ejército para combatir a una mujer.

"Si fuera a pelear conmigo, yo resistiría hasta el final. Si yo ganase, sería famosa para siempre; mas si el sultán Mahmud prevaleciese, los hombres simplemente dirían que ha derrotado a una vieja mujer.

"Dado que me doy cuenta de que el sultán es un hombre demasiado sabio como para exponerse a cualquiera de estas alternativas, no tengo miedo a lo que pueda llegar a ocurrir."

El sultán Mahmud, el destructor de ídolos, quedó tan impresionado cuando leyó esto que juró nunca invadir Iraq mientras viviese la reina.

* * *

Nunca llegarás a la Meca, me temo... pues estás en el camino al Turkestán.

Proverbio

La artillería

Mi tatarabuelo, Sayed Jan-Fishan Khan, fue invitado a la India y se organizó una gran exhibición militar en su honor. Todo hecho con la intención de mostrarle a este independiente jefe afgano que le convendría respetar las capacidades bélicas del imperio británico. En un determinado momento al Khan se le asignó un oficial de artillería que gritaba con entusiasmo, llamando la atención del jefe cada vez que los proyectiles daban en el blanco.

Este hombre y varios otros fueron posteriormente invitados a Paghman, para ser los huéspedes de Jan-Fishan Khan.

Mientras estaban sentados en el banquete, un hombre se le acercó a Jan-Fishan Khan y le dijo algo. Apenas le contestó, Jan-Fishan se volvió hacia los oficiales británicos y dijo, aparentemente excitado: "¿Escucharon eso?"

"¿Qué dijo?" preguntaron.

"No es 'qué dijo'", respondió el Khan, "¡sino el hecho de que le entendí y él me entendió a mí!"

Los oficiales estaban perplejos.

Al día siguiente, Jan-Fishan llevó a sus invitados a recorrer sus establos. Señaló algunos de los caballos.

Se le estaba dando alimento a uno de los animales. "¡Miren cómo come!" rugió el Khan.

A otro caballo se lo estaba ejercitando. "¡Este puede caminar y correr de verdad!" exclamó el Khan, aplaudiendo.

Los visitantes creían que su anfitrión debía de estar loco.

Fueron incapaces de comprender su comportamiento extraordinario hasta que, cuando se iban, él tuvo que decir: "Caballeros, han visto que si tienen armas que hacen exactamente aquello para lo que fueron diseñadas – dar en el blanco – yo, asimismo, estoy rodeado de cosas que también parecen estar cumpliendo su función bastante adecuadamente. Lo que he aprendido de ustedes es a excitarme por ello."

El favor de Jan-Fishan Khan

UN HOMBRE VISITÓ a Jan-Fishan Khan, el místico y caudillo del Hindu-Kush, conocido por su habilidad para adaptar su comportamiento a cualquier situación.

"Tengo un pequeño favor que pedirte", le dijo.

"¡Llévenselo de aquí!" gritó el Khan, "¡hasta que aprenda que pedirle cualquier cosa pequeña a Jan-Fishan es como insultarlo!"

*　　*　　*

Lo que entra en una mina de sal se convierte en sal.

Proverbio

El hombre tiene menos tiempo, amigos, esperanzas y cualidades de lo que supone.

Proverbio

Omar y el bebedor de vino

EL CALIFA OMAR solía escabullirse de su casa y caminar disfrazado por las calles, para asegurarse de que se estaba haciendo justicia; una práctica seguida más tarde por Harún el-Rashid de Bagdad.

Una noche escuchó un canto y trepó la pared de una casa para ver qué estaba pasando: vio a un hombre bebiendo vino. Entrando por la ventana le gritó al hombre:

"¿No te da vergüenza entregarte a lo que está prohibido en el Corán? ¿Crees que Dios no puede verte mientras pecas?"

Inmediatamente el hombre dijo:

"¡Califa del Islam! He cometido un pecado y lo admito. Tú, sin embargo, al acusarme has pecado tres veces. ¿Qué hay respecto a tu propio arrepentimiento?"

Omar quedó sorprendido y preguntó: "¿Qué pecados?"

El hombre respondió:

"El Profeta ha prohibido escuchar a hurtadillas y tú has hecho eso. El Corán dice: 'Ingresa a una casa solamente luego de haber saludado a los ocupantes' y tú no has hecho eso. Se ha establecido que todos los creyentes deben entrar a una casa por su puerta, y tú no lograste hacerlo."

Omar aceptó la reprimenda.

Los canales apropiados

EL CALIFA MARWAN fue abordado por un mendigo que le pidió una limosna.

"Dirige tu solicitud a Alá", dijo Marwan.

"La solicitud ha sido enviada. Volvió con la anotación: 'Recurrir a Marwan'", dijo el mendigo.

"Por fin aquí", dijo el califa, "hay un hombre que se da cuenta de que todo debe tener un canal. Sería bueno que todos los presentes lo comprendiesen."

El mendigo fue recompensado.

*   *   *

Después del negro no hay ningún color.

Proverbio

Enviar un beso por mensajero.

Dicho

En España

EN OCCIDENTE, LOS Omeyas de España ostentaban (al igual que los de Bagdad) con gran pompa el título de Comendador de los Creyentes.

A casi cinco kilómetros de Córdoba, en honor a su sultana favorita, el tercero y más grande de los Abdel-Rahmans (que murió en 961) construyó la ciudad palacio y los jardines de Medina al-Zahara.

El fundador empleó veinticinco años y más de tres millones de libras esterlinas. Su gusto liberal convocó a artistas de Constantinopla, a los escultores y arquitectos más hábiles de la época, y los edificios eran sostenidos o adornados por 1.200 columnas de mármol español, africano, griego e italiano.

El salón de audiencias tenía incrustaciones de oro y perlas, además de un gran estanque en el centro rodeado de costosas y curiosas figuras de pájaros y cuadrúpedos.

Uno de esos estanques y fuentes, tan deliciosos en climas calurosos, estaba en un pabellón elevado de los jardines y era rellenado no con agua sino con el mercurio más puro.

El serrallo de Abdel-Rahman, sus esposas, concubinas y eunucos negros, tenía un total de 6.300 personas; cuando salía al campo lo escoltaba una guardia de 12.000 caballos, cuyos cinturones y cimitarras estaban tachonados en oro.

*   *   *

A *mí* me conviertes en pecador si impides que te brinde hospitalidad.

Dicho

Bagdad

LA MECA ERA patrimonio del linaje de los Hashim (750-960); sin embargo, los Abasidas nunca se sintieron tentados a residir ni en el lugar de nacimiento del Profeta (La Meca) ni en su ciudad (Medina). Damasco fue deshonrada por la elección, y contaminada con la sangre, de los Omeya. Luego de algunas dudas, al-Mansur, el hermano y sucesor de As-Saffah, estableció los cimientos de Bagdad: la sede imperial de su posteridad durante un reinado de 500 años.

El lugar elegido está en la orilla oriental del Tigris, a unos veinticuatro kilómetros arriba de las ruinas de Modain. La muralla doble tenía forma circular; y fue tal el crecimiento de la capital, ahora reducida a un pueblo provincial, que al funeral de un santo popular podían asistir 800.000 hombres y 60.000 mujeres de Bagdad y las aldeas adyacentes.

En esta ciudad de paz, entre las riquezas del Oriente, los Abasidas pronto desecharon la abstinencia y frugalidad de los primeros califas, y aspiraron a emular la magnificencia de los reyes persas.

Después de sus guerras y edificios, al-Mansur dejó tras de sí una cantidad de oro y plata que hoy equivaldría a treinta millones de libras esterlinas; y su tesoro fue agotado en pocos años por los vicios o las virtudes de su progenie. Su hijo Mahdi, en un solo peregrinaje a La Meca, gastó el equivalente a seis millones de dinares pagando con oro. Puede que una intención piadosa y caritativa santifique la fundación de cisternas y caravasares que él distribuyó a lo largo de un camino de 1.000 kilómetros; pero su recua de camellos, cargados con nieve, solo podía servir para asombrar a los nativos de Arabia y para refrescar las frutas y los licores del banquete real.

Los cortesanos seguramente alabarían la liberalidad de su nieto al-Mamun, quien regaló cuatro quintos de la renta de una provincia, una suma de dos millones cuatrocientos mil dinares, antes de sacar su pie del estribo. En las nupcias del mismo príncipe, a la novia le llovieron mil perlas enormes y una lotería de tierras y casas desplegó la caprichosa abundancia de la fortuna.

Las glorias de la corte fueron iluminadas y no debilitadas durante el declive del imperio; y un embajador griego pudo haber admirado, o acaso compadecido, la magnificencia del endeble Muqtadir.

"El ejército todo del califa", dice el historiador Abu'l-Feda, "tanto a caballo como a pie, estaba en armas; y juntos conformaban un cuerpo de 160.000 hombres. Sus oficiales estatales, los esclavos favoritos, estaban junto a él ataviados con ropajes espléndidos: sus cinturones brillando con oro y gemas. Cerca de ellos había 7.000 eunucos, 4.000 de ellos eran blancos y el resto negros; los porteros eran 700. Barcazas y botes, decorados magníficamente, fueron vistos nadando en el Tigris. Tampoco era menos espléndido el palacio en sí mismo, en el cual había 38.000 tapices colgados, 12.500 de los cuales eran de seda bordada en oro. Sobre los pisos había 22.000 alfombras. Fueron traídos cien leones, y cada uno tenía su propio cuidador.

"Entre otros espectáculos de insólito y estupendo lujo había un árbol de oro y plata desplegándose en dieciocho grandes ramas sobre las cuales había una variedad de pájaros y hojas, hechos de los mismos metales preciosos. Mientras el mecanismo efectuaba movimientos espontáneos, los varios pájaros trinaban su armonía natural.

"A través de esta escena de magnificencia el embajador griego fue conducido por el visir hacia el pie del trono del califa."

* * *

¿Qué es lo que canto y qué es lo que canta mi pandereta?

Dicho

Toma el camino recto, incluso si es largo; no te cases con una viuda, incluso si es una hurí.

Proverbio

Comendador de los Creyentes

Considerado como una interpolación, porque aparece en el medio de una seria discusión acerca de asuntos esotéricos, este extracto está tomado de *Investigación esotérica* (Tahqiq-i-Batini). Supuestamente escrito por Sir-Dan (Conocedor de Secretos) Daud Waraqi, una introducción al manuscrito del siglo XVIII afirma que "identificar nombres de autores puede ser una deshonra"... de modo que es anónimo.

Cierto califa, queriendo poner a prueba una idea en una persona tosca, pidió a sus guardias que se adentrasen en el desierto y le trajeran un beduino árabe. Rodearon al primero con el que se toparon, quien resultó ser un Sufi. "El Comendador de los Creyentes requiere tu presencia", dijo el capitán de la guardia. "¿Quiénes son los creyentes y cómo es que llegan a tener un Comandante?", preguntó. Los soldados llegaron a la conclusión de que este era efectivamente un hombre tosco y lo llevaron ante el califa.

"Se me ha dicho", dijo el gobernante, "que los beduinos son tan ignorantes que ni si quiera saben las cosas más simples."

"¿Quién te ha dicho?"

"Fue durante una discusión con mis asesores intelectuales."

"Si lo que quieres es intelecto, el problema es muy fácil. Pregúntame cualquier cosa."

El califa ordenó que trajeran un plato de avena. El árabe lo olió y comenzó a comer. "¿Qué es eso?" preguntó el califa.

"Algo que se puede comer sin peligro", dijo el beduino.

"Sí, pero ¿cuál es su nombre?"

IDRIES SHAH

"Adaptando los métodos de la lógica formal, aplicados al conocimiento disponible para mí, yo digo que esto son granadas."

Hubo carcajadas entre los escolásticos reunidos, quienes le habían dicho al califa que los beduinos eran tontos.

"¿Y cómo es que has llegado a semejante conclusión?"

"Mediante el mismo método que usan tus escolásticos. He escuchado la frase 'dátiles y granadas' usada para describir alimentos sabrosos. Ahora, yo sé qué son los dátiles pues vivo a ellos. Esto no son dátiles. Por lo tanto, deben ser granadas."

164

La bolita de mazapán

UN DÍA EL califa Harún al-Rashid estaba conversando con un maestro. Dijo: "Maestro, sabes que soy un buscador. Tengo todos los bienes del mundo y todas las cosas a las cuales aspiran los hombres. Por lo tanto, yo debería estar en posición de aprender mucho ya que estoy exento de las distracciones que ocupan a la mayoría de la gente."

El maestro dijo: "Todo debe tener una base. Tú tienes la base para el poder, para mandar a los hombres, para los caprichos personales. Pero cuando hay una falta de bases esenciales el hombre no solo no puede construir sino que, al igual que tú, muy a menudo cree que ya posee esa base."

"Entonces enséñame esa base", dijo el califa.

"Primero te enseñaré a comprender correctamente la necesidad de la base, de lo contrario no aceptarás la base misma de aquellos que saben", dijo el sabio.

Rehusó decir nada más, pues las cosas que estaba prometiendo solo se enseñan cuando surge la oportunidad para ilustrarlas.

Pasaron algunos años antes de que se presentase la ocasión.

El califa y el sabio estaban sentados cenando, y Harún dijo: "Los dulces de mazapán como estos me parecen una excelente ilustración de cómo los descubrimientos humanos, si son buenos, se esparcen a lo largo del mundo beneficiando a todos."

"¡Oh califa!" dijo el sabio, "ya han pasado varios miles de años desde que se inventó el mazapán. Sin embargo la gente aún no está universalmente persuadida de la excelencia del mazapán. Y además hay muchos que nunca han oído hablar de él."

El califa, molesto por ser desafiado tan directamente, le dijo al maestro: "Te doy un día para justificar ese comentario irresponsable. Encuéntrame a alguien que no sepa del mazapán y tráemelo aquí mañana a la noche, o te expulsaré de mi compañía."

"Así lo haré", dijo el sabio, "porque esta es una oportunidad para ilustrar, y no debido a tu amenaza."

A la mañana siguiente se lanzó a las calles de Bagdad y las caminó hasta que se topó con un campesino, vestido sencillamente, que llevaba en su mano un trozo de pan y deambulaba como si estuviera aturdido.

El sabio le dijo: "¿A dónde vas y de dónde eres?"

"¡Ten cuidado!" dijo el hombre. "Pues he escuchado acerca de gente como tú: gente que quiere robarse mi pan."

"Al contrario", dijo el sabio, "quiero hacerte conocer algo delicioso, mucho mejor que el pan."

"¿Por qué querrías hacer eso?" preguntó el campesino.

"Para ayudarte a que conozcas más y para ayudar a otra persona", dijo el sabio.

Después de una buena dosis de persuasión, el campesino fue traído a la corte. Cuando vio a los guardias con sus trajes resplandecientes, a los visires y las fuentes de mármol, se postró y exclamó: "¡Esto solamente puede ser un tiempo y un lugar! ¡Este es el día de la resurrección y este es el salón del juicio de Dios Todopoderoso!"

"Estás juzgando todo lo mejor que puedes, pero es incorrecto", dijo el sabio; y le dijo mucho más al campesino, quien solamente podía mirarlo con la incomprensión dibujada en su rostro.

Cuando estuvieron sentados junto al califa, el sabio explicó que había traído a un hombre que no conocía las bolitas de mazapán.

"Lo pondremos a prueba", dijo el califa. Dirigiéndose al campesino, dijo: "¿Qué tienes en tu mano?"

"Comida", dijo el agricultor.

El califa hizo una seña y se trajeron varios trozos de mazapán.

"¿Qué son estos?" preguntó. "Es algo nutritivo."

"El sabio de nuestra aldea", dijo el campesino, "siempre habla de lo nutritivo como 'dátiles y agua y experiencia'. He visto dátiles y agua, entonces esto debe de ser experiencia."

El sabio se puso de pie.

"¡Oh califa! Este hombre usa las bases de la sabiduría de su aldea para explicar cosas que no puede comprender sin explicaciones y experiencias más completas. Él no tiene necesidad de mazapán. Si la tuviera, tendríamos que darle más información, más bases para entenderlo.

"Del mismo modo, al hombre sofisticado le gustan las cosas, incluso la promesa de cosas, que son desarrolladas a partir de bases que en su entorno están ausentes o pasan desapercibidas."

Ahmad Hussain y el emperador

EL EMPERADOR MAHMUD de Gazna caminaba un día con el sabio Ahmad Hussain. Ahmad tenía la reputación de ser capaz de leer la mente de la gente y el emperador había estado tratando de que le diera una demostración de sus poderes. Ahmad se había negado, y entonces Mahmud decidió intentar engañarlo para que usara su facultad especial.

"Ahmad", lo llamó.

"¿Sí?"

"¿Quién crees que es aquel hombre?"

"Es un carpintero."

"¿Cuál es su nombre?"

"Ahmad, como el mío."

"Me pregunto si ha comido algo hace poco."

"Sí, algo dulce."

Llamaron al hombre y descubrieron que estos hechos eran correctos. "Ahora", dijo el emperador, "te has negado a mostrar tus talentos y estás, bastante dignamente, ocultando tus dones espirituales. ¿Te das cuenta de que te he obligado a demostrar tu facultad, y que la gente te transformaría en santo si fuese a repetir la historia de tu desempeño? Entonces, ¿cómo serías capaz de mantener ese disfraz de Sufi que te permite jugar a ser un hombre ordinario?"

"Admito que puedo leer la mente de los hombres", dijo Ahmad, "pero la gente nunca sabe cuándo lo estoy haciendo. No puedo, debido a mi naturaleza, hacerlo con propósitos frívolos y por lo tanto mi secreto permanece inviolable."

"¿Pero admites que acabas de usar esos poderes?"

"Para nada."

"Entonces, ¿cómo hiciste para contestar correctamente mis preguntas?"

"Fácil. Cuando me llamaste por mi nombre él movió la cabeza, así me di cuenta de que era mi tocayo. Deduje que era un carpintero porque, en este bosque, está solamente mirando árboles que son apropiados para carpintería. Hace poco ha comido algo dulce, pues sigue ahuyentando abejas que son atraídas hacia su boca."

El rey, el Sufi y el cirujano

Este cuento, el cual se puede encontrar traducido al inglés en Turkish Tales *y que también está en la colección monacal* Gesta Romanorum, *subraya la creencia de que los dichos de los derviches Abdals a menudo constituyen consejos vitales, incluso fuera del contexto temporal en el cual son dados.*

EN LA ANTIGÜEDAD, un rey de Tartaria estaba caminando con algunos de sus nobles. A la vera del camino había un *Abdal* (un Sufi errante, un "transformado") que exclamó: "Daré buen consejo a quien me dé cien dinares."

El rey se detuvo y dijo: "Abdal, ¿cuál es este buen consejo por cien dinares?"

"Señor", contestó el Abdal, "ordena que se me entregue la suma y te lo diré inmediatamente." El rey así lo hizo, esperando escuchar algo extraordinario.

El derviche le dijo: "Mi consejo es este: Nunca comiences nada hasta que hayas reflexionado acerca de cómo terminará ello."

Ante esto, los nobles y todos los allí presentes rieron, diciendo que el Abdal había sido prudente al pedir su dinero por adelantado; pero el rey dijo: "No tienen por qué reírse del buen consejo que este Abdal me ha dado. Nadie ignora el hecho de que deberíamos pensar bien antes de hacer cualquier cosa, pero diariamente somos culpables de no recordar... y las consecuencias son nefastas. Valoro mucho el consejo de este derviche."

El rey decidió tener siempre presente este consejo y ordenó que fuese escrito en oro sobre las paredes e incluso grabado en su vajilla de plata.

Poco tiempo después, un conspirador deseaba matar al rey. Sobornó al cirujano real con la promesa de nombrarlo primer ministro si clavaba una lanceta envenenada en el brazo del rey. Cuando llegó el momento de extraerle un poco de sangre al monarca, se usó un recipiente de plata para recoger la sangre. De repente el cirujano advirtió las palabras grabadas allí: "Nunca comiences nada hasta que hayas reflexionado acerca de cómo terminará ello." Fue entonces que se dio cuenta de que si el conspirador se convertía en rey, podría mandarlo a matar instantáneamente y no necesitaría cumplir con su parte del trato.

El monarca, viendo que ahora el cirujano estaba temblando, le preguntó qué le pasaba. Y entonces en ese mismo momento confesó la verdad.

El conspirador fue detenido; el rey mandó a llamar a todos los que habían estado presentes cuando el Abdal dio su consejo y les dijo: "¿Aún se ríen del derviche?"

*   *   *

El poder de Alá: sin sonido, sin forma, sin aspecto. Pero cuando se manifiesta, nadie puede resistirlo.

Proverbio

Tíñete el pelo, por supuesto; pero ¿qué puedes hacer por tu cara?

Proverbio

Una cuestión de honor

UN SUFI ERRANTE, que se encontraba en el desierto, fue llevado a la tienda de un salvaje jefe beduino.

"Eres un espía de nuestros enemigos y como tal te mataremos", dijo el jefe.

"Soy inocente", dijo el Sufi.

"¿Ves esta espada?", preguntó el Sufi, desenvainándola. "Antes de que puedas acercárteme, mataré aquí a uno de tus hombres. Cuando lo haya hecho, tendrás el legítimo derecho a vengar su muerte. Y así salvaré tu honor, el cual en este momento está en grave peligro de ser mancillado por la sangre de un Sufi inofensivo."

*   *   *

Me llamas incrédulo. Por lo tanto, te llamaré Verdadero Creyente: dado que la mejor respuesta a una mentira es otra de magnitud similar.

Dicho

Un beso robado no se devuelve fácilmente.

Proverbio

El pulso de la princesa

Aunque este cuento – o al menos parte de él – ha sido denominado "uno de los primeros registros del diagnóstico psicológico y de la psicoterapia derviches" y atribuido al califa Jafar Sadiq (m. 765), maestro de Jabir y descendiente del Profeta, aparece en Rumi y también en recitales orales. Sin embargo, debe haber sido bien conocido en la Europa de la Edad Media porque su estructura aparece en el principal libro monacal de cuentos con una moraleja devotamente cristiana: "el bautismo está simbolizado por la esposa" (Gesta Romanorum, 1829, cuento 40, vol. 1, pág. 145).

El Sultán Sanjar había estado triste desde su regreso del santuario del maestro Bahaudin, en Bujara. Algunos vinculaban ambos hechos como causa y efecto, pero otros sostenían que el pesar del rey era debido a la misteriosa enfermedad de su hija.

La princesa Banu se estaba marchitando. Día tras día su extraña dolencia parecía apretujarla aún más en sus garras. Todos los médicos que habían sido consultados estaban desconcertados.

Entonces, un día, un forastero llegó a la ciudad capital del país. Vestía una túnica verde, caminaba encorvado y decía llamarse Shadrach el Médico; ofreció curar a la princesa. El rey le permitió verla pero lo amenazó con decapitarlo si no curaba a su hija.

Rodeado por un público interesado, el médico se acercó al diván donde la princesa, pálida y fatigada, yacía. En vez de hacer algún tipo de examinación, y en lugar de intentar cualquier remedio, tal como se esperaba de él, el hombre de túnica verde comenzó a… contarle cuentos a la princesa. Eran historias de tierras lejanas, de guerras y héroes, de paz y de gloria. Y mientras lo hacía, sus dedos se quedaron tomándole el pulso.

Por fin su diagnóstico había terminado. La princesa se retiró y Shadrach se dirigió al rey. "Su majestad, por las reacciones de su pulso he determinado que ella está enamorada; y que está enamorada de alguien que vive en Bujara; que esa persona vive en la calle de los joyeros; y que de todos los hombres que viven en la calle de los joyeros en Bujara no es otro que Abul-Fazl, un apuesto joven que le he descrito a ella y ante cuyo nombre ella se desmayó. Casualmente conozco a todo el mundo en Bujara y también en muchos otros lugares; y mediante este arte he arribado a la causa de su enfermedad."

Ahora el rey se preguntaba por la habilidad de este médico. También estaba aliviado por el hecho de que el origen de su enfermedad había sido descubierto; y furioso porque la joven estaba enamorada de un desgraciado tan innoble: pues se sabía que Abul-Fazl lo era.

Sin embargo, se mandó a buscar al joyero. Apenas llegó, la princesa comenzó a recuperarse. A los pocos días ya estaba nuevamente sana, el joyero trataba con prepotencia a casi todo el mundo y Shadrach el médico había sido nombrado, como recompensa, gran visir.

El rey y el doctor se dieron cuenta de que este insufrible joven no era para la princesa; también sabían que no podían echarlo o deshacerse de él porque ello seguramente provocaría el regreso de la enfermedad de la princesa.

Shadrach suministró la respuesta: hizo que se le administrase a Abul-Fazl una medicina que lo haría envejecer prematuramente, haciéndolo volverse mayor cada día como si hubiese envejecido veinte años. Casi de inmediato la princesa comenzó a sentir repulsión por su espalda encorvada y sus canas.

Simultáneamente Shadrach tomó otra medicina; y por su efecto, al mismo ritmo al cual el joyero estaba envejeciendo, Shadrach rejuvenecía cada vez más.

En poco tiempo, la princesa se enamoró del joven médico. Cuando Abul-Fazl fue expulsado de la corte, la princesa Banu apenas lo notó.

Ella y el médico y el sultán vivieron felices para siempre.

Algunas veces las cosas se desarrollan así, de una forma contraria a su primera probabilidad: según qué influencias entren en juego.

Maulana Dervish

MAULANA DERVISH, JEFE de la Orden Naqshbandi y uno de sus más grandes maestros, estaba un día sentado en su *zawiya* cuando un clérigo furioso ingresó a la fuerza.

"¡Estás ahí sentado", gritó el intruso, "como el perro que eres, rodeado por discípulos que te obedecen hasta en lo más mínimo! Yo, por otro lado, llamo a los hombres a luchar para obtener la misericordia divina a través de la oración y las austeridades, tal como se nos ordena."

Ante la palabra "perro", varios de los buscadores se levantaron para expulsar al fanático.

"Quietos", dijo el Maulana, "pues de hecho 'perro' es una buena palabra. Yo soy un perro que obedece a su amo, mostrándoles a las ovejas la interpretación de los deseos de nuestro Maestro mediante señas. Como un perro, exaspero al intruso y al ladrón. Y muevo mi cola de lo contento que me pongo al ver que se acercan los amigos de mi amo.

"Así como el ladrar y el mover la cola y el amor son atributos del perro, nosotros los ejercitamos: pues nuestro Maestro nos tiene a nosotros y no produce su propio ladrido y meneo."

*   *   *

La dureza de un maestro es mejor que la supuesta ternura de un padre.

Proverbio

Si te golpeas la mano contra una piedra, no esperes otra cosa que dolor.

Proverbio

Autoengaño

MIENTRAS SIGAS PREGUNTANDO lo que crees que se te debería contestar, sin tener en cuenta mi convicción de que estás mucho más necesitado de otro tipo de instrucción, seguiré siendo incapaz de ayudarte y seguirás creyendo que no puedo serte útil.

Pero tú, ignorando la instrucción que necesitas, inevitablemente llegarás a la conclusión de que hay otra razón para que no estemos en sintonía y armonizados. Tú inventas la razón... y tu autoestima la hace "verdadera" para ti.

(Sheikh Mir Khan)

*   *   *

La vida: a veces, el hombre sobre la montura; en otras, la montura sobre el hombre.

Proverbio

Pasará, sea lo que fuere.

Proverbio

El camello y la carpa

Este cuento es transmitido por el Sheikh Sufi Abdul-Aziz de La Meca, que murió en el siglo séptimo. Se dice que recibió el "elixir de la vida" de parte de Muhammad, de quien fue compañero, y que de alguna manera aún sigue vivo, alimentado por esta poción mágica. Otras versiones dicen que la "poción" era de hecho un ejercicio denominado "aprisionando la respiración", el cual – si bien peligroso para aquellos que no saben cómo usarlo – le permite a uno poner el cuerpo en un estado de animación suspendida.

El método es utilizado por los seguidores de varias Órdenes Sufis, aunque Abdul-Aziz estaba involucrado con los Qalandari (algunos dicen que fue su fundador) y los Chishtis.

UN BEDUINO, HACIENDO una larga caminata por el desierto, armó su pequeña carpa negra y se acostó para dormir. Cuando la noche refrescó, el camello lo despertó con un empujoncito. "Amo, hace frío. ¿Puedo poner mi nariz en la carpa para calentarla?" El viajero aceptó y se acomodó para dormir otra vez. Sin embargo, apenas había pasado una hora cuando el camello comenzó a sentir más frío. "Amo, hace mucho más frío. ¿Puedo poner mi cabeza dentro de la carpa?"

Primero fue admitida su cabeza en la carpa; luego, con el mismo argumento, su cuello. Finalmente, sin preguntar, el camello introdujo todo su cuerpo bajo la lona. Cuando, según creyó, se hubo instalado, el beduino yacía en la intemperie junto al camello: el animal había arrancado la carpa, la cual colgaba inútilmente de sus jorobas.

"¿A dónde se ha ido la carpa?" preguntó el desconcertado camello.

La maldición

UN SUPUESTO SUFI llevó un poco de trigo a un molino para que fuese hecho harina.

"Muélelo ahora y hazlo rápido", dijo, pues estos charlatanes están siempre intentando que la gente haga cosas para ellos.

"No tengo tiempo", dijo el molinero.

"Si no lo haces", dijo el pillo, "maldeciré tu molino."

"Me gustaría ver cómo lo haces", dijo el molinero, que era un Sufi verdadero, "porque si pudieses hacer cosas mediante tales métodos no estarías aquí tratando de hacerme moler tu trigo."

*   *   *

La felicidad de lo superficial: cuando un hombre que ha perdido su asno lo vuelve a encontrar.

Proverbio

Mi pierna no está coja; la tierra de Alá no es pequeña.

Proverbio

Agradable y desagradable

LAS PERSONAS DICEN que quieren ayuda cuando en realidad quieren atención.

Dicen que quieren escuchar cuando en realidad quieren ser escuchados.

Sabemos esto por lo que dices, por cómo te ves, por lo que podemos sentir.

Todos los demás también lo sentirían si no estuvieran similarmente ensimismados y desinteresados en ti.

Primero debes averiguar por ti mismo si quieres aprender y por qué quieres aprender.

Si vas a algún lado a comprar algo, primero debes obtener el dinero y tener alguna idea de qué necesitas.

Si apenas tienes deseos vagos y no conoces tus necesidades, te queda un largo camino por recorrer.

Si te alejas de nosotros debido a nuestra conducta, de todos modos jamás habrías sido capaz de seguirnos el ritmo.

Si esto suena desagradable, no significa que pretenda ser desagradable. Si crees que somos desagradables, estás sosteniendo un espejo frente a ti y diciendo: "¡Mírenlos a ellos!"

*   *   *

Como el azúcar no es arsénico muchas tumbas están llenas.

Proverbio

Khwaja Ahrar

Los MILAGROS DEL Maestro Ahrar eran tan usuales que algunas personas decían: "¿Qué más esperas? Es un transformado... tales cosas no son nada para él. Curar, prolongar la vida, saberlo todo, estar en dos lugares al mismo tiempo: estas son señales de santidad."

Pero aquellos que estaban asombrados con las maravillas obtenían placer por ello, sintiéndose bendecidos y engreídos. Aún ansiaban más prodigios.

Uno de ellos, Rustem Kashgari, dijo: "¡Maestro de la Gran Obra! El Altísimo ha efectivamente concedido un don magnánimo a la Orden (Tariqa): que seamos tanto beneficiados como también tranquilizados acerca de tu mandato celestial y que así podamos con fe segura viajar por la Vía."

El Khwaja dijo: "Amigo, esto no es fe. Te aseguro que a cada momento hay en esta tierra al menos cuarenta mil visitantes celestes en forma de hombres. Acaso a ti te parezca que son hombres ordinarios; sin embargo, cada uno de ellos realiza diariamente milagros desconocidos. Pues estas maravillas tienen un propósito y no son para deleitar a los ojos de los hombres; estos seres ocultos son por lo general ignotos y por lo tanto casi siempre ignorados. Incluso puede que sean rechazados.

"Aun cuando son aquellos que hablan de espiritualidad, puede que se les prohíba realizar milagros probatorios para que no impresionen a quienes presuntuosamente están buscando sensaciones.

"Para el Camino, el hombre que se convierte al ser testigo de un milagro es inferior a un perro rastrero. Su creencia se debe solo a una forma de excitación, que la gente erróneamente denomina fe. Si eres sincero, percibirás la calidad de los hombres verdaderos directa e instantáneamente y no a través de milagros y cuentos de milagros. Cuando puedas sentir esta esencia, esta joya, en aquellos que son considerados por los demás como hombres ordinarios o como el Maestro, denomínate un Viajero del Camino."

(Ahrar-Nama)

Saadi: sobre la envidia

No puedes, por más que lo intentes, cerrar las bocas de los críticos.

Si un hombre prefiere privacidad y no busca la compañía de otros, lo atacan diciendo que alguien así huye como un demonio.

Si ríe, no pueden creer que está realmente sobrio.

El hombre rico no puede esconderse de ellos, pues lo describen como un "faraón mundano".

Si un derviche está en dificultades, dicen que es debido a que es malvado y desafortunado.

Cuando un hombre próspero tiene problemas, sostienen que es una bendición y un signo de la intervención de Dios.

Dicen: "¿Cuánto puede durar la prominencia? ¿Acaso la felicidad no es siempre seguida de la desgracia?"

Y cuando descubren que un hombre pobre logra éxito y felicidad, aprietan los dientes de envidia, criticando: "¡El mundo solamente aprecia a los inútiles!"

Cuando tus manos están completamente ocupadas con el trabajo, eres "codicioso"; pero deja de trabajar y te conviertes en un "verdadero mendigo".

Si hablas, eres un "tambor redoblando". Si permaneces callado, eres "apenas un cuadro en la pared".

La persona tolerante, para ellos, no es en absoluto un hombre: pues, "Pobrecito, ¡no puede siquiera levantar su cabeza debido al miedo!" Pero deja que se crucen con un hombre valiente y brioso, y huirán de él quejándose: "¿Qué clase de loco es este?"

El hombre que come muy poco es, para ellos, un avaro que acopia su sustento. Pero si su comida es deliciosa y espléndida, "él es un esclavo de su estómago y un adorador de lo carnal."

A un hombre rico y tosco que viste ropajes simples lo critican duramente con lenguas afiladas como espadas, pues: "¡Qué odioso es! Es cierto que tiene dinero, ¡pero se niega a gastarlo en sí mismo!"

Ahora permítanle vestirse con buena ropa y arreglar un agradable salón:

Lo sacarán de quicio, afirmando que sin dudas es un afeminado.

Si un devoto no ha viajado, los migrantes que están entre ellos lo llamarán "un hombre que no se ha alejado más de un brazo de distancia de su mujer". ¿Cómo es posible que *él* tenga cualquier tipo de conocimiento, arte o habilidad?

Pero también desollarán al trotamundos:

"La fortuna lo ha abandonado, pues si hubiese tenido algún tipo de suerte no habría tenido que vagar así de pueblo en pueblo."

(Sheikh Saadi de Shiraz)

*   *   *

Pregunto acerca del cielo pero la respuesta es sobre una soga.

Proverbio

El perro amarillo es hermano del chacal.

Proverbio

Hazrat Bahaudin Naqshband

ALGUIEN DIJO:

"¿Qué debo hacer para que se me responda?"

El Shah contestó:

"Debes evitar a aquellos que imaginan ser la Gente de la Salvación. Creen que están salvados o que tienen los medios para salvar. En realidad están totalmente perdidos.

"Estas son las personas que, como los actuales zoroástricos, judíos y cristianos, recitan cuentos dramáticos, constantemente amenazan y engatusan una y otra vez con las mismas advertencias y claman que debes comprometerte con su credo.

"El resultado de ello es una imitación, un sentimentalismo. A cualquiera se le puede 'dar' este tipo de creencia espuria y hacerle sentir que es fe real.

"Pero esta no es la Vía original de Zoroastro, de Moisés, de Jesús. Es el método descubierto por hombres desesperados para la inclusión de un gran número de gente en sus filas. Lejos de ser salvados o completados, tales entusiastas son apartados con un grupo entrenado para una disolución final: como una nube que por un momento parece tener sustancia... hasta que llega una ráfaga de viento que la destierra en la nada.

"Pero no polemices con ellos. Han sido engañados para tomar lo falso como verdadero, pues prefirieron la prueba más fácil a la más difícil; incluso a un ángel lo verían como al mismísimo diablo.

"Así es siempre con los débiles herederos de los Verdaderos. Al igual que los hijos perezosos que, creyéndose astutos, justos y legítimos propietarios, viven de un huerto que su padre cuidaba... hasta que – por falta de poda – comienza a fallar.

"Se te responderá si buscas al hombre que rechazará el método fácil de predicar y practicar tal como lo he esbozado: un método solamente adecuado para domar caballos y fomentar el apego a uno mismo, o para la producción de esclavos ignorantes e inútiles."

Oración

UN HOMBRE FUE a ver a otro, pidiéndole ayuda con cierto asunto. El visitante se asombró y luego enfureció cuando el otro, supuestamente piadoso, dijo:

"No puedo ayudarte. Tengo que decir mis oraciones."

Lo insultó y luego le reportó este incidente a Bahaudin Naqshband.

Bahaudin dijo:

"Aquí tenemos ilustrado un defecto de pensamiento. Se está suponiendo que el hombre devoto era un hipócrita, dado que se ha dicho: 'La mejor oración es la acción útil'."

"Pero hay dos situaciones posibles aquí: la del hipócrita y la del sabio.

"Todo dependerá de las capacidades internas y del estado verdadero del hombre devoto.

"Si el hombre devoto es codicioso y está interesado solamente en su propia salvación, pronunciará las palabras que han sido reportadas.

"Si, por otro lado, el hombre devoto está iluminado y sabe que su oración es más útil que cualquier acción que podría realizar, también pronunciará exactamente las mismas palabras que han sido reportadas.

"Sin embargo, aunque se hayan pronunciado las mismas palabras, el solicitante, ignorando que un conjunto de palabras puede abarcar dos tipos de circunstancias claramente diferentes, acaso pueda interpretar instantáneamente las cosas para descrédito del hombre devoto.

"Al hacerlo, o bien está reaccionando desde la ignorancia al pensar que está siendo maltratado porque no sabe lo que hace; o puede que esté juzgando todo con una mentalidad crítica que generalmente tiende a ser tan superficial que interpretará cualquier palabra como un ataque.

"En este caso, a falta de una percepción inmediata de cuál era en aquel entonces la situación real, no es posible declarar si el hombre devoto era el más o menos evolucionado; si, de hecho, se estaba perjudicando al rezar en vez de ayudar, concentrando su propia codicia; o si, dotado de una cierta percepción, estaba avanzando sobre el camino de la verdad.

"Se ha dicho que el crítico es alguien que juzga a los demás según lo que ignora de sí mismo.

"Si el solicitante hubiese sido un iluminado, habría podido ver la situación real. Entonces le habría protestado al devoto, y ayudado gracias a su propia percepción, si este hubiese estado equivocado. De haber estado en lo cierto, lo habría abordado de un modo diferente.

"Venir a mí para buscar aprobación o interpretación es útil solamente si el solicitante puede darse cuenta de que lo mejor para él no es el juicio legal, sino el aprender que el mejor de los procedimientos sería posicionarse a sí mismo sobre la senda para obtener cognición interna.

"Caso contrario, debe aprender que eso existe. Esta información por sí sola le da una chance de evitar un accionar irracional."

(Naqsh-i-Naqshband)

*   *   *

Primero ten la naturaleza de un derviche y *luego* podrás usa una gorra elegante.

Dicho

Levanta a una abeja desde la amabilidad y aprende las limitaciones de la amabilidad.

Proverbio

El jinete apurado

ÉRASE UNA VEZ un hombre que, mientras estaba durmiendo, tragó un animal venenoso que se atascó en su garanta.

Se levantó en una especie de delirio y comenzó a toser y sacudirse, tratando de deshacerse de una aflicción que no entendía del todo.

En ese momento pasaba casualmente por allí un hombre a caballo, quien comprendió de un vistazo lo que había sucedido.

Inmediatamente levantó su látigo y comenzó a azotar con ferocidad al hombre, desatando una impiadosa tormenta de golpes.

El paciente, medio enloquecido, intentó gritarle que parase pero no podía pronunciar palabra alguna. Mientras corría o se retorcía del dolor o rodaba por el suelo, descubría que siempre estaba recibiendo una lluvia de golpes despiadados.

El jinete no dijo una palabra.

Finalmente, con una poderosa arcada, el animal venenoso fue vomitado por el sufrido estómago del hombre afligido y, cayendo en el suelo, se escabulló por ahí.

El jinete, sin pronunciar palabra, espoleó a su bestia y se alejó al galope.

Y entonces el otro hombre se dio cuenta de que aquello que le había parecido un asalto injustificado fue, de hecho, la única forma de liberarlo de la alimaña antes de que el veneno fuese inyectado en su sistema.

*   *   *

Se necesitan muchos viajes antes de que el hombre inmaduro alcance la madurez.

Proverbio

Clase y nación

LAS DIFERENTES SECCIONES de la comunidad son, en realidad, "naciones".

Cuídate de las personas que te hacen preguntas cuando ya tienen opiniones que quieren confirmar; o cuando por medio de ellas se proponen, sin saberlo, rechazarte y así apuntalar sus propias conclusiones.

La asociación con tales personas no solo es infructuosa: es la señal de un ignorante.

Los clérigos, doctores, literatos, nobles y campesinos realmente podrían ser denominados "naciones", pues cada uno tiene sus propias costumbres y modos de pensamiento. Imaginar que son como tú, simplemente porque viven en el mismo país o hablan el mismo idioma, es un sentimiento que debería examinarse. A la larga, todos los iluminados rechazan esta suposición.

(Samarqandi)

*   *   *

La paciencia es amarga pero da un fruto dulce.
Proverbio

Sé amable con el halcón y daña al gorrión.
Proverbio

Cartas

EL HOMBRE ORDINARIO escribe una carta sin pensar mucho en el estado de la persona que la lee, pero considerando mucho el suyo.

El hombre reflexivo escribe una carta teniendo en cuenta lo que cree que estará en la mente de la persona cuando la lea.

El hombre culto escribe pocas cartas en caso de que no pueda anticipar el estado del destinatario.

El Sufi no escribe ninguna carta hasta que pueda saber exactamente cuál será el estado de ánimo del hombre que la reciba.

El Adepto escribe cualquier carta que tenga que ser escrita.

El Arif (gnóstico) no tiene necesidad de escribir o recibir cartas.

Pero es tal la confusión de la humanidad, que:

Si el Arif no escribe se lo considerará muy impresionante o quizá muy descuidado. El Adepto, escribiendo una carta necesaria, será juzgado como si fuera un emocionalista o propagandista. Al Sufi, adivinando el estado mental del destinatario, se lo considerará alguien que escribe cartas inadecuadas. Al hombre culto, debido a la escasez de sus cartas, se lo creerá ocupado con otra cosa. El hombre reflexivo no será capaz de comunicarse bien, en caso de que algo que escriba ofenda. El hombre ordinario, escribiendo todo tipo de cartas, acaso inspire que se las coleccione y seleccione. Si escribe lo suficiente, la gente elegirá aquellas que les parezcan valiosas. Basándose en estas, él puede ser erróneamente denominado un santo.

(Shah Hasan)

*   *   *

Un día el lobezno se convertirá en lobo, incluso aunque haya sido criado entre los hijos del hombre.

Proverbio

La voz

LA VOZ DEL liderazgo supremo del conocimiento superior está siempre allí. No es escuchada por la gente común porque su vanidad personal o grupal los ensordece. Como consecuencia dicen que no es audible o, peor aún, escuchan a otra voz o voces que su vanidad les hace sentir que es la verdadera. Es tanto lo que puede alimentar la vanidad personal, mezclada con enseñanzas morales comúnmente aceptadas como "buenas" o "verdaderas", que incluso los seguidores más fieles de estas le dan el gusto a su vanidad; seguramente al igual que el adiestrado o autoproclamado crítico que de hecho ejercita su vanidad mediante la crítica sin aprender o enseñar o contribuir en nada.

La voz, siempre hablando, está diciendo: "No puedes luchar contra la vanidad ni evitarla hasta que sepas dónde está operando." Mediante transferencia, la gente amarra su voluntad a instituciones e intentan que perduren más allá de su utilidad.

(Muhammad Ali-Shah)

*   *   *

Mejor el demonio que te hace progresar que el ángel que amenaza.

Proverbio

La clase de hombre que, arrojando una piedra al suelo, erraría.

Proverbio

Los cuatro hombres y
el intérprete

*Esta alegoría de Rumi ha sido utilizada desde el
siglo XIII para caracterizar tanto los "lenguajes"
de los hombres – queriendo lo mismo y creyendo
que es diferente – como los "cuatro hombres" que
según se dice luchan en el interior del corazón de
cada individuo.*

Está tomada del Mathnavi, las Coplas de
significado interior, *que Rumi dejó como herencia y
que ha sido llamado "El Corán en persa".*

CUATRO PERSONAS RECIBIERON una moneda.

El primero era persa. Dijo: "Con esto voy a comprar un poco de *Angur*."

El segundo era árabe. Dijo: "No, porque yo quiero *Inab*."

El tercero era turco. Dijo: "Yo no quiero *Inab*, quiero *Uxum*."

El cuarto era griego. Dijo: "Quiero *Stafil*."

Porque no sabían qué yacía detrás de los nombres de las cosas, estos cuatro comenzaron a pelear. Tenían información pero no conocimiento.

Un hombre de sabiduría podría haberlos reconciliado, diciendo: "Puedo satisfacer las necesidades de todos ustedes con una sola moneda. Si honestamente me dan su confianza, su única moneda se convertirá en cuatro... y cuatro en desacuerdo se convertirán en uno unificado."

Un hombre así sabría que cada uno, en su propio lenguaje, quería lo mismo: uvas.

*   *   *

Cada uno vuela con su propia especie: paloma con paloma, halcón con halcón.

Proverbio

Los sultanes y el contribuyente

MIENTRAS QUE EL resarcimiento legal por daños a la mente es siempre difícil de hallar, hay una forma anónima que muchos de los gobernantes exitosos de nuestra era y de la antigüedad han practicado. En algunos lugares era llevada a cabo, y aún lo es, bajo las órdenes de los Hombres de Sabiduría que jamás aparecen en público pero a quienes los gobernantes les prestan atención. Se lo denomina el "asunto de la poda".

Los funcionarios de todos los grados – tomaremos como ejemplo a los recaudadores de impuestos – no están sometidos a ningún control, salvo a las normas y regulaciones y a la necesidad de agradarles a sus superiores inmediatos.

Como resultado hay tantos abusos de estupidez como de corrupción. En cualquier sociedad, la corrupción del corazón es tan dañina como la del bolsillo.

Administradores capacitados emplean a gente que visita a estos recaudadores de impuestos y otros, supuestamente como contribuyentes. Si son tratados cruel o estúpidamente, informan esto al departamento que se ocupa de tales asuntos y los contraventores son "podados": es decir, son enviados a algún lugar donde sus defectos no pueden dañar a otros.

Hay muchas historias de esto: cómo Harún y su visir impartieron justicia, visitando gente disfrazados. Debes saber, por lo tanto, que "Harún" significa el cuerpo de personas dedicadas a la justicia, y Harún y el visir son, en la sociedad sana, los medios mediante los cuales se lleva a cabo la "poda".

Donde no hay tal poda el país está en un estado desastroso, lo sepa o no y más allá de que haya o no un alboroto público para mitigar la consciencia. Esta poda debe existir siempre.

(Mohsin Ardabili)

El ladrón

UN HOMBRE DE Merv, lugar bien conocido como el hogar de pensadores enrevesados, corrió una noche por las calles de la ciudad gritando: "¡Ladrón, ladrón!"

La gente se amontonó a su alrededor y, cuando estuvo un poquito más tranquilo, le preguntó: "¿Dónde estaba el ladrón?"

"En mi casa."

"¿Lo viste?"

"No."

"¿Faltaba algo?"

"No."

"Entonces, ¿cómo sabías que había un ladrón?"

Estaba acostado en mi cama cuando recordé que los ladrones entran en las casas sin hacer ni un ruido y se mueven sigilosamente. No podía escuchar nada... ¡entonces supe que había un ladrón en la casa, estúpido!"

(Niamat Khan)

*   *   *

Conoce tu medida.

Proverbio

¿Qué es lo que opinan de lo que hay en sus copas aquellos que han dicho que el vino es una abominación?

Proverbio

Viendo doble

UN PADRE LE dijo a su hijo, quien veía doble:
"Hijo, tú ves dos en vez de uno."
"¿Cómo puede ser?" contestó el niño. "Si fuese así, allí arriba habría *cuatro* lunas en vez de dos."

(Hakim Sanai de Gazna)

*   *   *

Si quieres ser un calígrafo, escribe y escribe y escribe.

Proverbio

El mentiroso tiene mala memoria.

Proverbio

¿Por qué?

UN HOMBRE LE dijo a un derviche: "¿Por qué no te veo más a menudo?"

El derviche contestó: "Porque las palabras '¿Por qué no has venido a verme?' le suenan más dulces a mi oído que las palabras '¿Por qué has venido otra vez?'"

(Mulla Jami)

*   *   *

Mañana habrá albaricoques.

Proverbio

Si el padre no puede, el hijo finalizará la tarea.

Proverbio

Yusuf, hijo de Husain

DESEANDO CONVERTIRSE EN discípulo, Yusuf buscó a Dhun'Nun y actuó como su sirviente durante un año. Después de este período, Dhun'Nun preguntó: "¿Qué quieres de mí?"

Yusuf dijo: "Permiso para servir otro año."

Luego del segundo año, Dhun'Nun dijo: "Pídeme algo."

Yusuf dijo: "Dime el Nombre Más Grande."

Dhun'Nun no contestó y Yusuf continuó como su sirviente. Un día, Dhun'Nun le pasó a Yusuf un tazón cubierto con una tela. Dijo: "Llévale esto al derviche que vive al otro lado del río. No quites la tela bajo ninguna circunstancia."

Yusuf dijo: "Por mi cabeza y mi corazón, así se hará."

Dhun'Nun afirmó: "Si es así, el derviche te dirá el Gran Nombre."

Pero mientras cruzaba el río, sintió curiosidad por ver qué había en el tazón y desató la tela. Una rata saltó, cayó al Nilo y fue arrastrada por la corriente.

Cuando llegó al lugar del derviche, Yusuf le dio el tazón y dijo: "Dime el Gran Nombre."

El derviche contestó: "No pudiste mantener una rata en un tazón; por lo tanto, ¿cómo puedes proteger el Gran Nombre? Has fallado la prueba."

Yusuf volvió muy deprimido a su maestro.

Dhun'Nun lo envió a su propio país, diciendo: "A su debido tiempo recibirás tu iniciación."

Pasaron cincuenta años antes de que Yusuf, debido a este y otros descuidos, lograse la disciplina suficiente para aprender y conservar el Gran Nombre.

(Attar)

Por qué se esconde el derviche

A RUMI, SU hijo le preguntó:

"¿Por qué el derviche está escondido? ¿Es esto un auto-ocultamiento hecho mediante atuendos? ¿Hay algo dentro suyo que él disimula?"

El Maestro dijo: "Podría ser de cualquier forma. Algunos escriben poemas de amor y la gente cree que son acerca del amor ordinario. A veces, la vocación oculta la verdadera posición en el Camino: hay comerciantes, como Baba Farid; algunos escriben literatura; otros persiguen diversas actividades externas.

"Esto puede que se haga como defensa contra la gente mundana. Algunos actúan deliberadamente de una forma que la sociedad podría desaprobar para obtener paz. Es por ello que el Profeta dijo: 'Dios ha escondido a los hombres de mayor conocimiento.'

"Puede que los seguidores del Camino adopten cualquier estratagema para obtener paz: de lo contrario podrían verse obstaculizados."

Entonces el Maestro recitó:

Siempre sapientes, buscando mientras se esconden.
Ante el hombre ordinario se presentan como lo
    que no son.
Deambulan en la luz interna… haciendo que
    ocurran milagros.
Y sin embargo nadie sabe quiénes son.

                (Aflaki: Munaqib el-Arifin)

* * *

Por cada faraón hay un Moisés.

Proverbio

El perro y los derviches

Un grupo de derviches, acompañados por algunos discípulos, hicieron un alto en su viaje para comer algo.

Extendieron una tela a la vera del camino y pusieron pesadas piedras en sus esquinas para que no se volara con el viento.

Notando sus preparativos, un perro callejero comenzó a husmear por ahí.

Uno de los discípulos dijo: "Vamos a tener problemas con ese perro. El darle sobras, solamente lo alentará para arruinarnos la comida."

Uno de los derviches contestó: "La acción es superior a la intelectualización. Deja de pensar eso y sigue poniendo piedras sobre las esquinas de la tela."

El perro olió todas las piedras y luego se alejó ladrando.

Uno de los derviches, famoso por conocer el lenguaje de los animales, dijo:

"Está diciendo: 'Si esta gente solo se sirve piedras para comer, ¿qué esperanza puedo tener de que me den sobras de verdadera comida?'"

*   *   *

Tu talismán mágico es poderoso, pero... ¿eres un Salomón para hacerlo funcionar?

Proverbio

Estar *en* el mundo sin ser *del* mundo.

Proverbio

El rezo y la maldición
del derviche

Esta tradición de la Orden Naqshbandi está en el venerado manuscrito Asrar-i-Khajagan (Secretos de los Maestros), donde se lo atribuye al Sheikh Munawwar Shah, quien murió en 1848. Su santuario está en Lahore.

El cuento se hace eco de la tradición de que ciertas personas – especialmente los Sufis de cierto rango y algunos descendientes de Muhammad – pueden maldecir a alguien con el propósito de bendecirlo.

EL HOMBRE, DEBIDO a su egoísmo, no sabe que a menudo el rezo "funciona por opuestos".

Había una vez un derviche cuya vocación era poderosa, a pesar de que sufría lapsos en su aspiración: a veces deseaba cosas que no merecía.

Un día estaba trepando una colina empinada y, sintiéndose cansado, rezó para que se le ayudara en su esfuerzo. Inmediatamente apareció – como de la nada – un hombre y forzó al derviche a que lo llevara a cuestas.

Resulta que, al mismo tiempo, una mujer bajaba por la colina con su niño en brazos. Viendo a la venerable figura, quien apenas podía efectuar el ascenso y que según ella estaba realizando un acto de sacrificio al llevar a su compañero sobre su espalda, se detuvo para pedir un favor.

"¡Oh derviche! ¡Bendice a mi hijo!"

Esta vez, recordando el funcionamiento por opuestos, el derviche exclamó:

"¡Que el niño sea maldecido!"

Tras lo cual la infeliz mujer rompió en llanto.

E incluso el villano, a quien el derviche llevaba, estaba tan indignado por su aparente crueldad que le dio una buena paliza y continuó su camino en solitario.

Encuentro con el Diablo

CIERTO DEVOTO, CONVENCIDO de que era un sincero buscador de la verdad, se embarcó en un largo curso de disciplina y estudio.

Tuvo muchas experiencias, bajo diferentes maestros, tanto en su vida interior como exterior durante un considerable período. Un día estaba meditando cuando de repente vio al Diablo sentado a su lado.

"¡Fuera, demonio!" exclamó, "pues no tienes poder alguno para dañarme: estoy recorriendo la Senda de los Elegidos." La aparición se desvaneció.

Un hombre verdaderamente sabio que pasaba por allí le dijo tristemente:

"Ay, amigo mío, has injertado esfuerzos sobre bases tan inseguras como lo son tu miedo, codicia y autoestima inalterados, que has llegado a tu mejor experiencia posible."

"¿Cómo es eso?" preguntó el buscador.

"Aquel 'diablo' es, en realidad, un ángel. 'Diablo' es solamente como *tú* lo viste."

*   *   *

Valiente es el ladrón que lleva una lámpara en su mano.

Proverbio

La barba del derviche

A Sayed Khidr Rumi (fallecido en 1360), quien tiene fama de haber hecho viajes enseñantes a Inglaterra y China en el siglo XIV, se le atribuye el haber usado esta historia para ilustrar: (1) que un hombre sepa lo que no debería hacer no significa que necesariamente sepa qué es lo que debería hacer; (2) la gente supone que una cosa (gustar de tu barba) es la opuesta de la otra (arrancarte la barba). Esta versión es de El parlamento de los pájaros *de Attar, escrito en el siglo XIII.*

CIERTO DERVICHE TENÍA una venerable barba de la cual estaba muy orgulloso. Pasaba mucho tiempo haciendo ejercicios devocionales pero parte de su atención estaba en la barba, símbolo de su seriedad.

Moisés estaba en camino al Sinaí cuando el derviche lo detuvo y le dijo: "Por favor, pregúntale a Dios de mi parte por qué, a pesar de que soy devoto y constante en mis deberes religiosos, nunca llego a la realización espiritual."

Moisés accedió a hacerlo, y Dios le contestó: "Es verdad que este derviche es un buscador, pero sus pensamientos a menudo están dirigidos a su barba."

Cuando Moisés regresó de su encuentro y transmitió el mensaje, el derviche sintió remordimiento. Ahora pasaba gran parte del tiempo arrancándose su maravillosa barba, pelo por pelo, y reprochándose a sí mismo por haberla considerado algo importante.

Cuando Gabriel visitó a Moisés, le dijo acerca de este derviche: "Hubo un tiempo en que pensaba demasiado sobre la belleza de su barba. Ahora está pensando en su barba tanto como antes... e incluso más."

Las hormigas y la pluma

Esta alegoría, basada en un argumento de Rumi (Mathnavi, IV), fue utilizada por el maestro Saad el-Din Jabravi, fundador de la escuela Sufi Saadi.

La intención en esta versión es admitir la utilidad del método científico ("hormiga") de investigación, insistiendo al mismo tiempo en que otra clase de conocimiento ("alfabetización") que normalmente no se asocia con el hombre, debe ser adquirido para encontrarle sentido a la vida.

Jabravi murió en Damasco durante 1335. Sus cuentos aún se mantienen vigentes, acompañados por el argumento de que la alegoría es esencial para que la mente humana vislumbre ideas que no pueden ser capturadas por ningún otro método.

Un día, una hormiga vagaba sobre una hoja de papel y vio una pluma escribiendo finos trazos negros.

"¡Qué maravilloso que es esto!" dijo la hormiga. "Esta cosa notable, con vida propia, hace garabatos sobre esta superficie hermosa, hasta tal punto y con semejante energía que equivale a los esfuerzos de todas las hormigas del mundo. ¡Y los garabatos que hace! Estos parecen hormigas: no una, sino millones y todas corriendo juntas."

Repitió sus ideas a otra hormiga que estaba igualmente interesada, y que luego alabó los poderes de observación y reflexión de la primera hormiga.

Pero otra hormiga dijo: "Beneficiándome de tus esfuerzos, debo admitir, he observado este objeto extraño. Pero he determinado que no es el dueño de este trabajo. Fuiste incapaz de notar que esta pluma está unida a otros objetos que la rodean y la conducen por su camino. Estos deberían ser considerados como el factor del movimiento y reconocidos como tales." Y así las hormigas descubrieron los dedos.

Pero después de mucho tiempo otra hormiga trepó por los dedos y se dio cuenta de que formaban parte de una mano, la cual exploró minuciosamente correteando sobre ella tal como hacen las hormigas.

Cuando se reunió con sus compañeras, exclamó: "¡Hormigas, tengo noticias importantes para ustedes! Aquellos objetos pequeños son parte de uno más grande. Es este el que les da movimiento."

Pero luego se descubrió que la mano estaba pegada a un brazo y el brazo a un cuerpo y que había otra mano y dos pies que no escribían.

Las investigaciones continuaron. Acerca de los mecanismos de la escritura, las hormigas tienen una idea aproximada; sobre el significado e intención de la escritura y cómo es controlada en última instancia, no descubrirán nada mediante su usual método de investigación…. porque no están "alfabetizadas".

* * *

La lectura del ignorante: como un burro comiendo un melón que ha sido pisoteado en el fango.

Proverbio

Cuando el halcón dijo que simplemente estaba reposando sobre una ruina, los búhos que allí vivían exclamaron: "¡Miente! Está tratando de robarnos nuestra casa mediante la astucia."

Proverbio

Quien reconoció al Maestro

Frecuentemente los Sufis señalan que el respeto que se les da a figuras de autoridad es a menudo el producto del sentimiento, la publicidad o de una observación errónea. Hilali de Samarcanda, el maestro del siglo XVI, solía ilustrar esta doctrina mediante demostración directa.

Esta serie de incidentes planeados es de la obra Tibb-el-Arif *(Medicina de los Gnósticos) de Salik.*

HILALI, ACOMPAÑADO POR cinco de sus discípulos, emprendió un largo viaje a través del Asia Central; de vez en cuando los hacía actuar de modos diversos. Estas son algunas de sus aventuras:

Cuando llegaron a Balkh y una delegación de notables de la ciudad salió para recibir al Maestro, Hilali dijo a Yusuf Lang: "Sé tú el Maestro." Yusuf fue recibido y homenajeado. Se esparcieron rumores de los milagros que había realizado solamente al permanecer con cierta gente enferma bajo el mismo techo. "Esto es lo que la gente cree que es el dervichismo y lo que nosotros sabemos que no es", dijo Hilali.

En Surkhab, los compañeros entraron a la ciudad vestidos de la misma manera, ninguno caminando delante del otro. "¿Cuál es el Gran Maestro?" preguntó el jefe de la ciudad. "Yo soy", dijo Hilali. Inmediatamente la gente retrocedió exclamando: "Lo sabíamos por la luz de sus ojos."

"Aprendan una lección de esto", dijo Hilali a sus compañeros.

Cuando el grupo ingresó a Qandahar fue agasajado por el caudillo Sardar, y todos se sentaron en círculo alrededor del festín. Hilali había dado órdenes para que se lo tratase como al más insignificante de los discípulos y que Jafar Akhundzada fuese tratado como el Maestro; pero el caudillo Sardar dijo: "Es realmente cierto que el más inferior de los compañeros brilla con la luz interior; y más allá de lo que puedan decir de él, yo lo considero como el Centro Magnético de la Era."

Todos aclamaron a Hilali, quien se vio forzado a reconocer que el Sardar, a pesar de que era un gobernante, también tenía la capacidad de percibir aquello que los hombres no perciben.

Salomón, el mosquito y el viento

Este famoso cuento del Asia Central se usa a menudo como una demostración de la enseñanza Sufí de que la justicia es solo relativa aunque el hombre afirme que es absoluta.

En una famosa ocasión, desafiado por un filósofo armenio a que "probase" que las fábulas estaban destinadas a cumplir cualquier otra función más allá del entretenimiento o la inculcación de una moral simple, el Sufí errante Nazi Naim contó este cuento en el siglo XVIII.

Aseguró que cuando alguien es capaz de ver las limitaciones de la vanidad personal, puede que un "mundo diferente" se haga perceptible. Esta afirmación, sin embargo, no fue aceptada por los presentes y de hecho Naim fue enjuiciado por "robarle entretenimiento a la gente", sentenciado a ser entregado a la justicia de la turba en Astrakán; fue lapidado y murió diciendo: "Están haciendo un trabajo útil pues, a pesar de las intenciones, acaso la violencia enfatice la verdad en la vida."

La historia también figura en el Masnavi *de* Rumi.

Un día, un mosquito fue a la corte del Rey Salomón el Sabio.

"Oh gran Salomón, la paz sea contigo", exclamó, "vengo a tu corte en busca de desagravio por las injusticias que diariamente se cometen contra mí."

Salomón dijo: "Expresa tu queja y seguramente será escuchada."

Declaró el mosquito: "Ilustre y Justísimo, mi queja es contra el viento. Siempre que salgo a la intemperie, el viento viene y me vuela. Por lo tanto, no tengo esperanzas de alcanzar lugares que considero son mis destinos legítimos."

El rey Salomón habló: "Según los principios aceptados de la justicia, no se puede aceptar queja alguna a menos que la otra parte esté presente para responder a la acusación."

Se volvió hacia sus cortesanos y les ordenó: "Llamen al viento para que se defienda."

El viento fue convocado, y enseguida comenzó a sentirse el suave y creciente murmullo de la brisa que anunciaba su llegada.

El mosquito gritó: "¡Oh gran rey! Retiro mi queja, pues el aire me está haciendo dar vueltas y vueltas en círculo, y antes de que llegue el viento habré sido borrado del mapa."

Y así fueron las circunstancias que, impuestas tanto por el demandante como por la corte, hicieron imposible el obrar de la justicia.

*   *   *

La definición de la palabra "finalizado" es: "Esta palabra significa *finalizado*."

Proverbio

Las abejas y el árbol hueco

Este es uno de los cuentos favoritos de los derviches
Balkan; se le atribuye a Sayed Jafar (m. 1598 en
Éfeso), quien fue un sucesor de Ibrahim Gulshani
de El Cairo, que a su vez fundó la Orden Gulshani,
una combinación de los Cuatro Senderos del
Sufismo. Murió en 1553.

La creencia popular sostiene que Jafar "visitó
las estrellas", como una especie de precursor de los
actuales astronautas, en una carroza luminosa sin
fuerza motora aparente. Los Gulshanis devolvieron
su legado metafísico "en un cofre de latón, plata
y cobre" a la Hermandad Azamia ("La Mayor")
en el siglo XVII, solamente conservando, según se
dice, los poderes de obtener entrevistas con ciertas
figuras históricas ya fallecidas hace mucho tiempo.

ALGUIEN LE PREGUNTÓ a Sayed Jafar, Gran Maestro de los
Cuatro Senderos:

"¿Cuál es el mejor de los senderos, y por qué hay tantos
grupos de personas sinceras alrededor de instituciones que
enseñan la iluminación?"

Contestó:

"Érase una vez un bosque que brotó de semillas, las cuales
se convirtieron en árboles. Estos árboles vivieron hasta su
hora señalada, dando fruta, cobijo y sustento a muchas
criaturas. Entonces, habiendo completado su tarea y por
una buena razón, los árboles murieron y el bosque se volvió
inerte; excepto por algunas abejas que estaban buscando un

hogar y un lugar donde desarrollar una vida comunitaria. Descubrieron que muchos de los árboles muertos estaban huecos y en ellos construyeron sus colmenas.

"Los árboles les resultaron muy útiles a varias generaciones de abejas. Entonces, uno por uno, siguiendo el curso normal de la descomposición, los troncos comenzaron a caer. Aquellas abejas que aún estaban en árboles lo suficientemente sólidos señalaban a sus compañeras menos afortunadas, diciendo: "'¡Miren lo malvadas que son! Esto es un castigo para ellas.'

"Otras decían acerca de ellas y otras:

"'Traigámoslas a nuestras colmenas pues están necesitadas y deberían ser ayudadas. Después de todo, esto podría habernos sucedido a nosotras.'

"Sin embargo otras dijeron: 'Qué inútiles eran sus colmenas para derrumbarse de ese modo. Ocupémonos de que no le pase lo mismo a las nuestras.'

"Pero a pesar de lo que dijeron, poquito a poco, todos los árboles cayeron y paulatinamente todas las abejas se quedaron sin hogar.

"Las abejas pensaron las cosas de una manera obvia. Muchas de ellas no se dieron cuenta de que las colmenas fueron hechas deliberadamente para ofrecer cobijo y suministrar miel. Muchas no se percataron de que deberían haber aprovechado los árboles y apurado su trabajo antes de que colapsaran. Esta última dificultad ocurrió porque las abejas no se preocuparon en dedicar una parte de su tiempo y esfuerzo para estudiar la naturaleza de su entorno."

*   *   *

Nada es barato sin razón.

Proverbio

Efectos – y usos – de la música

Muchos de los maestros derviches han prohibido el uso de la música; no porque la consideren sin valor, sino porque la consideran como "de valor tan fundamental, que escucharla de forma equivocada proporciona placer y evita su función como un medio hacia la Verdad" (Ibn Darani).

Sin embargo, es difícil para el hombre cultivado creer que su percepción de la música es "de hecho el rango inferior de las posibilidades sublimes de la música" (Hatim el-Askari).

Saadi desarrolla estas ideas en un memorable fragmento autobiográfico de su Conductas de los derviches.

A PESAR DE que mi reverenciado mentor, el Sheikh Abu-el-Faraj Shamsudin, hijo de Jaui (¡la Paz de Dios sea con él!), solía aconsejarme que abandonase mi predilección por la música y me dedicase a la contemplación solitaria, yo era joven y la apreciaba muchísimo.

Es por ello que seguí un camino que contradecía las órdenes de mi maestro y en el cual disfrutaba la música y las canciones en compañía de derviches. Y cuando en tales circunstancias recordaba las advertencias del Sheikh, yo solía decir:

"Si un abstemio fuese a degustar el vino,

incluso disculparía a los ebrios."

Una noche, sin embargo, me topé con un grupo de personas reunidas alrededor de un cantante. Su voz era peor que escuchar las noticias de la muerte del propio padre. Algunas veces los dedos del público estaban en sus oídos; otras sobre sus labios, tratando de callarlo. Nadie estaba contento, excepto cuando se levantaba para irse. Le dije a mi anfitrión: "Dame algodón para mis oídos, por el amor de Dios... o muéstrame la salida."

Pero por respeto al grupo me quedé en mi lugar. Cuando amaneció, me quité el turbante y lo puse, junto a una pieza de oro y mi agradecimiento, a los pies del cantante. Mis amigos estaban sorprendidos y entretenidos. Uno dijo: "En esta acción no has sido guiado por la sabiduría. ¡A quién se le ocurre regalar el turbante de un hombre culto y una pieza de oro a alguien a quien nunca se le ha dado nada!"

Contesté: "Cesa en tus reproches, pues las notables cualidades de este hombre se han vuelto visibles para mí."

"Dime cuáles son sus cualidades", respondió mi amigo, "para que pueda entablar amistad con él y ganar el perdón."

Le comenté: "Mi venerado maestro me ha dicho repetidas veces que renunciara a la música y a la canción. Hasta ahora he ignorado su consejo. Mediante la actuación de este cantante, he sido capaz de captar las posibilidades adversas de la música."

*   *   *

La prisa viene del Diablo.

Proverbio

Confesiones de Juan de Antioquía

Presunto morador del siglo XIII, Yahya (Juan) de Antioquía vivió, trabajó y viajó en Siria, Palestina, Egipto y la India; acaso también haya visitado el Asia Central. Aunque es bien conocido en la tradición oral por sus "Dichos", son poquísimos los registros de su vida que han sobrevivido; nunca han sido recopilados.

MUY PRONTO EN mi juventud noté, provocado por lo que no sé, que las creencias y los amores y los odios de la gente parecían originarse con las enseñanzas de sus padres y de la comunidad a la cual pertenecían. Los mandeos, por ejemplo, odiaban a los cristianos aunque sabían muy poco acerca de ellos y no querían incrementar su conocimiento; y los cristianos creían cosas absurdas acerca de los musulmanes a pesar de vivir entre ellos y tener una refutación diaria de sus prejuicios, lo cual no estaban dispuestos a aceptar. Los filósofos debatían doctrinas y llegaban a respuestas que estaban profundamente influidas por la cantidad y la naturaleza del conocimiento con el cual comenzaban sus esfuerzos, y por sus prejuicios acerca del mundo, la vida y la gente.

Fue por estos motivos que la gente del pensamiento Sufi me atraía aunque, consciente de que yo mismo estaba fuertemente afectado por mis cambios de ánimo (ese hábito mental mío que eran las conjeturas y la esperanza y el miedo), dudaba de que pudiese alcanzar la comprensión de la humanidad que exhibían estas personas maravillosas.

Al principio, debido a estas falencias, me descubrí atraído por la seguridad que a muchos les llegaba, como noté, mediante la repetida afirmación de maestros de todo tipo que su propio camino, y solamente el suyo, conducía a la salvación. Vi que sí, efectivamente, conducía a un aquietamiento de la búsqueda y de las incertezas de la vida. Por las mismas razones, como pronto comprendí, en un momento fui poderosamente conmovido por el recurso ideado por los hindúes, el cual consistía principalmente en alejarse, mediante un esfuerzo de la voluntad, de la necesidad de afligirse por los problemas humanos.

Por fin me convertí en un seguidor de los Sufis, pues en mi relación con ellos descubrí que invariablemente ayudaron a protegerme de las consecuencias de mi egoísmo y parecían ayudar a crecer en mí esa parte que podía consentir la necesidad de considerar al prójimo como mi hermano, y a mi hermano como a mí mismo. Según mi parecer, todas las religiones conservaban las indicaciones, en forma de aforismos, de lo que debería intentarse; ninguna conservaba los medios por los cuales un hombre podía hacer su camino desde donde había recibido el mensaje hasta el punto donde practicase el mensaje y se volviese completo.

Comprendí, mucho después de haber comenzado a seguir a la gente Sufi, que el ingreso al cuerpo de los Sufis es solamente posible luego de que uno haya ido más allá tanto de la "entrada con la lengua" como de la "entrada con el corazón".

Los Sufis, al aceptar y transmitir la capacidad de los guías en este camino – que va entre donde el hombre está y donde quiere ir –, se daban a conocer como médiums completamente sensibilizados para que cierto poder superior pudiese moverse a través de ellos.

Hicieron esto arriesgando la pérdida de reputación personal (pues la gente no los comprendía) y evitando los apegos habituales del mundo hasta que podían verdaderamente resistirlos (y por lo tanto rechazaban a menudo grandes honores que de otro modo podrían haber recibido) y también tomando como lema el objetivo más corajudo: "Podemos ayudarte a que te ayudes y debemos cumplir con nuestro deber apartando la cuestión de si somos o no comprendidos por la mayoría de la gente; y la ayuda que te ofrecemos va más allá de los costos que pudiere tener para nuestros potenciales logros en el mundo superficial."

Estos son los hombres que aman a la humanidad y cuyo amor capacita a las personas a encontrar el camino hacia su propio hogar.

Enseñanza silenciosa

EL GRAN MAESTRO Ahmad Yasavi del Jorasán pasó nueve años en contacto irregular y extraño con algunos de sus discípulos. Eran Shabaz, Lukman, Jalal y Jan-Nush. Durante este tiempo prácticamente no les dio instrucción verbal, no realizaron rituales ni estudiaron libros.

En cambio, hizo que lo observaran y practicasen artes aplicadas como tejer alfombras, construir cosas y en ocasiones ejercer sus propias profesiones. En la ciudad de Balkh, a veces los convocaba para que fuesen a ver algún objeto que tenía para mostrarles. Para otros estudios los mandaba a escuchar exposiciones, aparentemente irrelevantes, impartidas por otros.

Fue mediante sus poderes internos que todas estas experiencias se transformaron dentro de la consciencia de estos seguidores. Este es el proceso conocido como "enseñando por señas". A veces estos cuatro exclamaban: "¿Por qué no podemos asistir a las reuniones-ejercicios del Maestro?"

Y sin embargo fueron ellos quienes se convirtieron en maestros, en fundadores de Órdenes y quienes al final alcanzaron el Alto Logro de la Meta.

Santificada sea su más recóndita consciencia.

Jangju Khanabadi: *Isharat-i-Khwajagan* (Signos de los Maestros). Ahmad Yasavi murió en 1166.

Tres cosas

Tres cosas no pueden ser recuperadas:
La flecha una vez que ha partido del arco.
La palabra dicha precipitadamente.
La oportunidad perdida.

(Alí el León, Califa del Islam, yerno del Profeta Muhammad)

Charlas de sobremesa

por Idries Shah

Charlas de sobremesa

por Idries Shah

CARTAS Y EL REY CARITATIVO

La gente siempre me está preguntando por qué les escribo tan pocas cartas.

Aquí hay dos respuestas a ello:

La primera es que había un rey que le preguntó a un derviche por qué no venía a verlo más a menudo. El derviche contestó: "Debido a que '¿Por qué no has estado aquí últimamente?' le resulta más dulce a mis oídos que '¿Por qué has venido otra vez?'"

La segunda es que había una vez un rey que desarrolló una actitud caritativa y decidió distribuir equitativamente toda su riqueza entre la gente del mundo. Sin embargo se descubrió, cuando ya los necesitados habían sido contados, que no había una moneda lo suficientemente pequeña como para darle una cantidad igual a cada uno; más allá de que con la moneda más pequeña no podía comprarse nada.

Puede que la simple reproducción de las propias palabras para hacerlas circular entre todos los interesados dé la impresión de que estoy manteniendo el contacto con ellos; pero, a menos que la ocasión sea propicia, esto tiene solamente valor social y no de utilidad informativa... ni que hablar de valor para el conocimiento.

Si hemos de admitir que las necesidades estrictamente sociales son satisfechas mediante escritos y reuniones, entonces insistiré aún más en una apropiada relación social y no en una falsa producida por los métodos modernos de multiplicar copias.

DESARROLLO HUMANO

Muchas personas imaginan que cualquier desarrollo humano superior, si es que realmente existe, debe seguir un patrón cuya forma (o al menos cuyo comienzo) les resulte instantáneamente perceptible como tal.

Al hacer dicha suposición, estas personas se exponen a ser controladas por cualquier sistema que pueda aprovecharse de esta expectativa; y los sistemas sí que se aprovechan de esto.

Muchos aspectos del desarrollo superior humano solo pueden adoptar la forma de comunicar conocimiento y experiencia de un modo encubierto: un poco como les enseñamos a nuestros hijos a involucrarse en actividades que ellos consideran como entretenimiento y no como formas de, por ejemplo, aprender a contar o a ejecutar movimientos coordinados o a tener buenos modales.

Un método para acostumbrar a la gente a un "patrón superior" es involucrarla en actividades y empresas que sean equivalencias de cosas superiores.

Otro procedimiento de igual valía también es comparable a uno empleado para enseñarles a los niños. Es rodear al alumno con información que absorbe poco a poco hasta que "cae la ficha".

TRANSMISIÓN

Puede que conozcas muy bien a las personas, verlas todos los días, vivir en la misma casa con ellas. Nada de lo que digas o hagas tiene una relevancia especial en sus mentes… hasta que se enteran de que vas a aparecer en televisión. Entonces se apuran en dejar la oficina para llegar temprano al hogar, no para verte en casa sino para verte diciendo las mismas cosas en televisión. De la misma manera, personas que no soñarían en leer uno de tus libros se amontonarán incómodamente alrededor de una radio para escuchar a otros hablar sobre tus libros. Es una pena que la cultura no haya hecho posible que una persona no pueda interesarse en algo a menos que sea dramatizado (mediante el mero acto de ser transmitido por algún medio de comunicación) o ritualizado. Ocurre lo mismo con la gente que dice: "Debo asistir a tu conferencia." Si repondes que "puedes escucharme decir las mismas cosas todos los días sin tener que venir a una reunión", te dirán: "Pero no es lo mismo…"

PRISIÓN

Visualiza a un hombre que tiene que rescatar a gente de cierta prisión. Se ha decidido que solo hay una forma promisoria de llevar esto a cabo.

El rescatador tiene que entrar a la prisión sin llamar la atención. Debe permanecer allí relativamente libre para operar durante cierto período de tiempo. La solución escogida es que entrará como convicto.

Por consiguiente, hace los preparativos oportunos para que lo arresten y sentencien. Como otros que han infringido de igual forma las normas de esta maquinaria particular, es enviado a la prisión… lo cual era su objetivo.

Al llegar, sabe que se le ha despojado de cualquier posible dispositivo que podría ayudarlo en una fuga. Todo lo que posee es su plan, su ingenio, su habilidad y su conocimiento. Por lo demás, tiene que arreglárselas con equipamiento improvisado, adquirido en la misma prisión.

El principal problema es que los presos sufren de una psicosis carcelaria. Esto les hace pensar que su prisión es el mundo entero. También se caracteriza por una amnesia selectiva de sus pasados. Por consiguiente, casi no tienen memoria alguna de la existencia, esquema y detalle del mundo exterior.

La historia de los compañeros de prisión de nuestro hombre es una historia carcelaria; sus vidas son vidas carcelarias. Piensan y actúan en base a ello.

Por ejemplo, en vez de acumular pan como provisión para la huida, lo moldean y hacen dominós con los cuales juegan. Saben que alguno de estos juegos son distracciones, pero otros los consideran reales. A las ratas, que podrían entrenar como medio de comunicación con el exterior, las tratan en cambio como mascotas. Beben el líquido de limpieza que contiene alcohol para producir alucinaciones, las cuales los deleitan. Considerarían un triste desperdicio, incluso un crimen, si alguien lo usase para drogar y dejar inconscientes a los guardias, haciendo posible la huida.

El problema se agrava ya que los malhechores han olvidado los varios significados de algunas de las palabras normales que hemos estado usando. Si les pidieses definiciones para palabras tales como "provisiones", "viaje", "huida", incluso "mascotas", este es el tipo de lista que obtendrías de ellos:

Provisiones: comida de prisión
Viaje: caminar de un bloque de celdas a otro
Huida: evitar el castigo de los guardias
Mascotas: ratas

"El mundo exterior" sonaría a sus oídos como una extraña contradicción:

"Ya que este es el mundo, este lugar donde vivimos", dirían, "¿cómo puede haber otro afuera?"

El hombre que está trabajando en el plan de rescate puede, al principio, solamente operar mediante analogía.

Hay pocos prisioneros que aceptarán sus analogías, pues parecen balbuceos delirantes.

Por ejemplo, cuando nuestro hombre dice "necesitamos provisiones para nuestro viaje de huida al mundo exterior", les suena como el disparate siguiente:

"Necesitamos provisiones – alimentos para usar en la prisión – para nuestro viaje – para caminar de un bloque de celdas a otro – de huida – para evitar el castigo de los guardias – al mundo exterior – a la prisión exterior..."

Puede que algunos de los prisioneros más serios digan que quieren entender lo que él quiere decir; pero ya no conocen el lenguaje del mundo exterior.

Cuando este hombre muere, algunos de los prisioneros hacen de sus palabras y actos un culto carcelario. Lo utilizan para consolarse a sí mismos y para encontrar argumentos contra el siguiente libertador que se las ingenie para llegar hasta ellos.

Sin embargo, de vez en cuando una minoría escapa.

COMPROBAR

Hay un proverbio persa: "Comprobar lo que ha sido comprobado es ignorancia."

Intentar comprobar algo sin los medios para hacerlo es aún peor.

ESO YA LO SÉ

Una de las actitudes más comunes que impiden aprender realmente algo, es creer que uno ya lo sabe.

Si dices: "¡Eso lo sé!" cuando alguien que conoce tus intereses y sabe cómo enseñarte dice algo, estás cayendo en esta actividad casi inconsciente.

SIN COMENTARIO

Un día fui invitado a la casa de un distinguido psiquiatra. Me recibió en su estudio; allí había otro invitado. Mientras estuvimos en el estudio, este hombre habló muy locuazmente. Fuimos a otra habitación a escuchar algunas grabaciones; el otro invitado interrumpía frecuentemente con sus opiniones.

Cuando se sirvió la cena, el mismo hombre monopolizó la conversación.

Después de la comida, habló y habló mientras tomábamos café en el salón.

Finalmente se fue, y yo me quedé para terminar algunas discusiones con nuestro anfitrión.

Le dije:

"Ese hombre habló muchísimo en el estudio."

"Sí", dijo el psiquiatra, "eso fue porque no te conocía y estaba nervioso."

"Pero habló muchísimo cuando estábamos escuchando las grabaciones."

"Sí, eso fue porque sintió que competían con él."

"Y habló durante toda la cena."

"Sí, eso fue porque se sintió más a gusto con mi esposa allí presente."

"Y luego hubo toda esa conversación después de la cena, mientras tomábamos café."

"Sí, eso fue porque el salón era demasiado grande para él, y sintió que tenía que llenarlo con su voz para compensar."

"Supongo que hablaría muchísimo en una habitación muy pequeña, pues se sentiría acorralado", dije.

"Sí, es una suposición razonable", dijo el psiquiatra.

AGENTES COERCITIVOS

Ocúpate de estudiar en tu vida y en tu entorno:

El crecimiento, desarrollo y la actividad de agentes coercitivos informales que a menudo no son reconocidos como tales debido a las deficientes herramientas de medición e identificación que están actualmente en uso.

Tales tiranías rara vez tienen armas, palos, centralizadas máquinas de propaganda, uniformes y oficiales reconocibles.

Si pones en marcha un experimento a partir de una expectativa, esta expectativa se convierte en un agente coercitivo cuyos intentos de conducirte a ciertas conclusiones tendrás que tener en cuenta. Algunas costumbres, presiones sociales, predilecciones personales e incluso decisiones individuales, pueden transformarse en agentes coercitivos en tu vida.

Una de las razones por las que el hombre lucha contra aquello que considera indeseable es que inconscientemente reconoce las influencias coercitivas en el entorno y en sí mismo; luego elige una forma mensurable de ellas para satisfacer y por lo tanto "abolir" su necesidad de resistir o frustrarlas.

Al hacerlo, obviamente, sólo ha suscitado la duda.

Pensamientos, circunstancias, el medio social y cientos de cosas pueden proporcionar tantos poderosos agentes coercitivos como cualquier cosa que el ser humano pueda señalar como "despotismo" o "tiranía". Si estás en contra de la tiranía, debes estar en contra de toda tiranía para ser consistente: no solamente en contra de una tiranía fácil de criticar.

Un conjunto de ideas o prácticas incomprendidas podrían convertirse en semejante tiranía. Un grupo de personas que se tratan entre sí con la mayor amabilidad pero que sin embargo realizan prácticas o llevan a cabo otras actividades inadecuadas para su desarrollo, son tal agente.

La tiranía de ideas o prácticas es mucho más sutil y más efectiva que la reconocida institución represiva, porque los participantes no son conscientes de que están siendo constreñidos. El caso extremo, el hombre que se la pasa todo el tiempo gritando "¡Soy libre, te aseguro!", no es libre pues no tiene tiempo para hacer otra cosa que gritar "¡Soy libre!"

Ciertos agentes coercitivos se han vuelto indispensables para las víctimas. Las personas con mente cerrada o rango de pensamiento y acción limitados dependen de las recompensas ofrecidas por la obediencia a los agentes coercitivos para obtener placer. Si esta obediencia es formulada como "desobediencia", sienten que no se los coacciona.

Tales personas no pueden progresar hacia su liberación mental en un solo paso. Su mundo tiene que agrandarse, y ser visto como más grande, antes de que puedan alejarse de sus vidas limitadas.

No hay represión como aquella que el hombre se causa a sí mismo en nombre de su propia liberación. Dado que no puede atribuirla a una fuente externa, y que no puede verse reprimiéndose a sí mismo, es probable que esté muy perdido; ya está bajo la coacción de "la esclavitud es libertad". Un curioso indicio de su estado es que le teme a la pérdida de libertad cuando ya la ha perdido. Hace esto porque – como un niño –, si ha perdido algo y simplemente pretende que podría llegar a perderlo, le hace creer que aún lo tiene.

No necesitamos hablar de acción social, política, economía, ni siquiera de sociología en este asunto. El individuo y las agrupaciones de personas tienen que aprender que en realidad no pueden reformar la sociedad, ni tratar a los demás como gente razonable, a menos que el individuo haya aprendido a identificar y tomar en cuenta los diversos conjuntos de instituciones coercitivas, formales y también informales, que lo gobiernan. Más allá de lo que diga su razón, siempre recaerá en la obediencia al agente coercitivo mientras su patrón esté dentro de él.

Esta es una razón por la cual ves a gente que se convierte de un sistema de creencias o prácticas a otro: son conscientes de las deficiencias del primero; pueden hacer de cuenta que el segundo, dado que no tiene los defectos externos que ellos objetan, es "verdadero" mientras que el anterior era "falso".

A este esfuerzo lo denominaría "el estudio de los agentes coercitivos y el hombre".

FORTUNA

"Cuando la fortuna llame, abre la puerta", dicen.

Pero, ¿por qué mantienes la puerta cerrada y obligas a la fortuna a que llame?

UNOS POCOS KILÓMETROS...

¿Has notado alguna vez el efecto que unos años o unos pocos kilómetros pueden tener en algo?

El héroe suizo Guillermo Tell, según lo que se ha podido descubrir, nunca existió. Su cuento, sin embargo, se encuentra en *El parlamento de los pájaros* de Faridudin Attar. Haji Bektash, del Asia Central, se convierte en "Hartschi Petesch" en los Balcanes, a unos pocos kilómetros de Turquía. La ascensión de Muhammad se transforma en la fuente para Dante.

¿Te has preguntado alguna vez, cuando escuchaste que los "Reyes Magos" de la Biblia no figuran en ella en absoluto, cómo comenzaron sus trayectorias algunas de esas ideas que aprecias o que te impresionan?

Por lo menos, en Japón aún se usa "Tupiraita" (forma fonética de la palabra inglesa *typewriter*) para referirse a una máquina de escribir; y *"smoking"* (fumar, en inglés), en Francia, es una prenda masculina de etiqueta o esmoquin; pero, ¿por qué para el idioma inglés "derviche" se convierte en "delirante maníaco religioso"?

El valor de este tipo de exposición literaria debería ser tanto para mostrar la deformación de ideas como para corregir las definiciones originales.

Si eres consciente del proceso deformante mismo, serás capaz de escapar de él y no solamente depender de que se te den los resultados de investigaciones realizadas por otros; puede que se hayan pasado por alto cosas que podrían ser importantes para ti.

Si el maestro derviche Turabi es tan efectivo que incluso su desvirtuado nombre se convierte en un tótem (San Therapon), ¿qué sucedió con su eficacia original? ¿Quieres el tótem o aquello que tuvo un efecto más allá de lo sugestivo?

CAUTELA Y LAMENTO

"Más vale ser cauto que lamentarse" es una observación valiosa cuando estas son las únicas alternativas reales.*

---

* El equivalente al refrán en inglés *Better to be safe than to be sorry* es, en español, "Mejor prevenir que curar". Sin embargo, si utilizamos esta traducción, el aforismo original pierde todo sentido.

ÍDOLOS

¿Has notado cuán económica es la raza humana con sus ídolos? Los erige y disfruta, luego les cae encima y los devora hasta que no queda nada.

Incluso el consumo completo del ídolo, si es otro ser humano, no es el final: durante cientos de años habrá que ocuparse de discusiones y análisis.

PROMESAS

Nunca prometas, incluso implícitamente, sin llegar a cumplir tu promesa.

La única alternativa aceptable a completar un compromiso es excederse en su cumplimiento.

Traicionar cualquier promesa, explícita o no, te dañará más de lo que pueda dañar a cualquier otro.

SISTEMAS DE CONOCIMIENTO

Ningún sistema es de utilidad si meramente lo posees. Propiedad requiere funcionamiento.

Ningún sistema es útil si uno solamente puede experimentar con él. Para que un sistema sea útil, debe ser manejado correctamente.

Los medios para hacer funcionar un sistema deben corresponder con las necesidades contemporáneas; no debería ser imitativamente tradicionalista.

La deficiencia de un sistema no ha de ser confundida con los defectos humanos. Las personas no pueden lograr ciertas cosas a menos que tengan los medios.

Puede que un sistema sea completo para un conjunto de circunstancias y deficiente para otro.

No debería suponerse que el poseer un sistema, o cualquier parte de él o tener cierto interés en él o en descubrir uno, confiere cualquier licencia o capacidad para manejarlo. Las críticas individuales a un sistema, la incapacidad para manejarlo o la insatisfacción con él no deberían ser considerados como un defecto del sistema.

La consistencia de un sistema, así como la inconsistencia, es siempre menos aparente que real: pues lo que es coherente en un marco de referencia puede que no lo sea en otro.

Estos puntos están destinados a enfatizar que la información y familiarización con un sistema son mucho más importantes, vitales y urgentes que usar elucubraciones sobre él para cualquier intento de comprenderlo o manejarlo.

La experiencia precede a la comprensión y también a la capacidad de funcionar.

OCASIÓN

Cada parte de tu desarrollo como ser humano necesita el momento correcto, el lugar apropiado, la compañía adecuada.

Sin estos, serás tan completo como cualquier otra cosa que carezca de tres elementos en sintonía: digamos, como una planta sin agua, sol y tierra.

PREJUICIO

"Es preferible el prejuicio del humano compasivo que la justicia obstinada del tonto."

Mejor aún es la eliminación del prejuicio.

Un prejuicio para con la "bondad" sigue siendo un prejuicio.

El tonto de la justicia tiene un prejuicio para con la "justicia".

El imparcial no necesita el prejuicio: tiene conocimiento.

Los principios y las reglas rígidas son el último bastión del primitivo. Los principios son guías que sustituyen al conocimiento; las reglas son elaboradas para guiar a aquellos que no saben.

El hombre primitivo ha permanecido con nosotros durante eones sustentado por la creencia pesimista de que, ya que el conocimiento es imposible, siempre deben emplearse los sustitutos en su lugar.

Sin embargo, el sustituto ha de ser utilizado solamente cuando lo auténtico no está disponible.

Si al hombre se lo priva durante demasiado tiempo del artículo genuino, comienza a pedir únicamente el sustituto. Esa demanda, no obstante, no convierte al sustituto en la cosa real.

La adoración suficientemente sostenida del sustituto lo transformará en el objetivo del buscador. El ignorar la existencia de lo auténtico, e incluso su posibilidad, es tan efectivo para su abolición que es como si no existiera.

Esta es la razón por la cual los hombres de conocimiento no solo deben existir: tienen que representar la existencia misma del conocimiento; inicialmente, en ocasiones, en un nivel muy bajo.

Ten cuidado con la gente que dice: "Debemos tener prejuicio, incluso si es prejuicio para con el bien." El hecho es que debemos tener prejuicio para con el conocimiento: pues solo el conocimiento destruirá al prejuicio.

FAMA Y DINERO

En la actualidad, la fama – sin disminución – puede ser convertida en dinero.

El dinero también puede ser convertido en fama... pero no bajo las mismas condiciones.

UN LEMA DE LA RAZA HUMANA

Dime qué hacer: pero debe ser lo que quiero que me digas.

EL GENERAL GORDON

Se cuenta la historia de una famosa estatua del general Gordon, montado sobre un camello, la cual era una de las atracciones turísticas de Jartum.

Esta estatua se convirtió en la favorita de un niño de tres años, y su niñera solía llevarlo todos los días "a ver al general Gordon" como parte de su paseo.

Llegó el día en que la familia tuvo que abandonar el Sudán y la niñera llevó al pequeño para que se despidiese del general Gordon.

El niño estuvo mirando largamente la estatua y dijo: "No te volveré a ver por mucho tiempo, así que adiós general Gordon."

Luego se volvió hacia la joven, dándole la espalda al hombre sobre el camello, y le dijo:

"Niñera, ¿quién es ese que está sentado sobre la espalda del general Gordon?"

Este cuento perfectamente podría ser cierto; y además ilustra, tan bien como podría hacerlo cualquier otro, la forma en que la gente supone cosas acerca del conocimiento sin siquiera imaginar que su punto de vista puede ser inconsistente con las circunstancias reales. A veces es casi por accidente, tal como en este caso, que uno sabe exactamente qué es lo que la persona ha visto erróneamente, aunque puede que sea evidente que ella no lo tiene claro.

Como el camello del general Gordon, la gente a menudo imagina que el medio de transporte de una enseñanza es la enseñanza misma. Por esta razón continúan reverenciando la apariencia de los individuos o las meras palabras o los ejercicios o las teorías. Lo que cuenta es el efecto, no la apariencia de algo.

Al igual que nuestro niño, puede que el estudiante vea algo que lo impulse a formular una pregunta que podría aclarar todo; y acaso la información de que le ha adjudicado a algo el nombre de otra cosa, sea mal recibida.

MUERTO Y VIVO

Es una lástima que haya un tabú que nos impida investigarlo, pero no obstante el hecho es que:

Un montón de gente que está clínica, intelectual y emocionalmente viva, en realidad ha muerto en cualquier otro sentido hace muchos años.

Las personas evitan seguir esta línea de pensamiento por miedo a que resulten ser uno de estos: entonces dicen que semejante concepto es ridículo.

No necesitan molestarse pues, si son como aquellos que he mencionado, nunca lo descubrirán.

JUICIO

Antes de juzgar algo, asegúrate de que aquello que te parece falso, por demás improbable, indigno de consideración... no sea de hecho lo que necesitas. La verdad de cada persona es, en algún momento, la falsedad de otra.

BUENO Y MALO

No llames a nadie "bueno" o "malo" hasta que lo hayas observado secretamente.

Con suficiente tiempo, o un entorno bastante permisivo, puedes ver mucho de cómo es realmente esa persona.

Sin embargo, este conocimiento no da licencia para oponérsele.

PENSAMIENTO

Pensar mucho es apenas un sustituto del pensar en aquello que en ese momento le resultaría útil al individuo.

PALABRAS E INFORMACIÓN

Las palabras se usan más a menudo para ocultar información que para transmitirla.

Las personas que hacen el mayor esfuerzo para comunicar, o creen que lo hacen, generalmente están impidiendo la comunicación.

DEMOSTRACIÓN

¿Quieres examinar a un individuo condicionado socialmente que atribuye lo que se le ha hecho al obrar de un poder superior?

Todo lo que necesitas hacer es observar a nueve de cada diez personas "dedicadas".

BIEN

Muéstrame a una persona que cree que sabe lo que es "bueno" y probablemente seré capaz de mostrarte a una persona horrorosa.

Muéstrame a una persona que realmente sabe lo que es "bueno" y te mostraré que casi nunca usa la palabra.

HOMBRE

Patéalo: te perdonará. Adúlalo: puede que se dé cuenta de tus intenciones o no.

Pero ignóralo y te odiará, incluso aunque lo oculte hasta su muerte.

CORTESÍA Y VERDAD

La cortesía y el decir la verdad, como ambos sabemos muy bien, son a menudo polos opuestos.

Cualquier sociedad que ordene a sus miembros adherirse a ambas cosas es fraudulenta.

Todo tipo de fórmulas de compromiso se han ideado para disimular u oscurecer este vicio básico. Sin embargo, aún permanece.

Esta no es una exhortación para abandonar la cortesía o dejar de decir la verdad. Es una afirmación sobre la cual debe reflexionarse cuidadosamente.

EL ESFUERZO DETRÁS DE UNA ENSEÑANZA

Los individuos ordinarios, criados con información incompleta, no tienen noción de la cantidad de trabajo que precede a la aparición y a las operaciones de injerto de un gran acontecimiento histórico.

Es por ello que no es sorprendente, aunque invariablemente inconveniente, que esperen sucesos, éxitos y movimientos inmediatos y milagrosos.

Al final triunfan, por supuesto, pues son ellos quienes escriben la historia, la hagiografía, la exégesis.

ESTRUCTURA DE UN SISTEMA

Observa a una figura de autoridad, a una "literatura eternamente válida", a una jerarquía o a órdenes y prohibiciones.

¿Sabes qué es lo que estás viendo, aparte del nombre que pueda tener?

Estás mirando la estructura de un sistema de condicionamiento. Ninguna utilidad superior se manifiesta a semejante nivel.

Para obtener una utilidad superior, acaso haya que buscarla más allá de las apariencias. El apego a los tótems, eslóganes y a las figuras de autoridad solamente inhibe este proceso, no obstante lo útiles que podrían ser estos accesorios para otros propósitos.

ILUSTRACIÓN CONFUNDIDA CON CREENCIA

Una de las tragedias de los tiempos modernos es que la gente ha llegado a creer que algo dicho por alguien en el pasado, acaso con propósitos ilustrativos o con ánimo de provocar, de hecho representa las creencias de aquella persona en ese momento.

TRABAJO

Si llamas por el mismo nombre a diferentes cosas, das comienzo a la confusión.

Si llamas "trabajo" a todo tipo de labor, la sigues alimentando.

Si estás trabajando por debajo de tu capacidad, no estás trabajando.

Si estás trabajando en algo que no puedes hacer, no estás trabajando.

Si estás trabajando con disfrute, sin él, por necesidad, etc., eres capaz de solamente usar una palabra, "trabajo", y por ende eres impreciso al describir lo que estás haciendo.

TIEMPO

Las personas se quejan de que el tiempo es corto, que pasa rápido.

Pero cuando parece transcurrir despacio se quejan de que se hace largo.

Consideremos a la gente, no a los supuestos movimientos del tiempo.

ENSEÑANZA

Por favor, no empieces a enseñarles a los ciegos hasta que hayas practicado vivir con los ojos cerrados.

VIRTUDES

La ética está condicionada socialmente. La virtud humana no es la misma que aquella de otra esfera. A veces, sin embargo, las dos corren en paralelo.

CONTROL

El propósito original de cultivar el control es que uno finalmente no necesite tener control.

CONOCIMIENTO

Cuán curioso es que un hombre que cierra su mano, agarrando aire, crea tan a menudo que tiene un rubí en su puño.

CONOCIMIENTO INTERNO

Quieres volverte sabio en una lección:
Primero conviértete en un verdadero ser humano.

MEDITACIÓN

Antes de aprender cómo meditar debes desaprender lo que crees que podría ser la meditación.

INTELECTUALES

Los autodenominados intelectuales desprecian el respeto que el humilde les tiene a ciertas cosas.

Pero si quieres ver claramente a la estupidez y encima tener un espectáculo de fuegos artificiales por el mismo precio, habla en contra de las vacas sagradas de los pensadores.

Entonces es muy probable que tengas una demostración de qué significa "delirar como un loco".

CUATRO BUSCADORES

El jefe de una banda de buscadores encontró un libro; lo estudió junto a sus seguidores, olvidando que un medio no era un fin.

En otro caso, el líder de un grupo de derviches encontró un poco de lana; pasaron años trabajando con lana.

El guía de otro círculo descubrió las virtudes de las plantas e instruyó a sus compañeros en la ciencia botánica.

El sucesor de cierto maestro, habiendo absorbido solamente conocimientos de carpintería, instruyó a sus discípulos en ello.

Todos trabajaron con sus materiales. El libro fue memorizado y se hizo un intento de aplicar sus principios a la vida cotidiana. La lana fue hilada y hecha un ovillo. Las plantas fueron cultivadas y produjeron colorantes. La madera fue convertida en diferentes tipos de artefactos.

Entonces llegó un hombre de conocimiento. Convocó a todos los grupos dispersos y les dijo:

"Tienen los materiales. Ahora les mostraré cómo, con su experiencia y mi conocimiento, puede hacerse una alfombra."

Pero fueron pocos los que se pudieron desapegar de la lana, la madera, las plantas y de libro tras libro.

Esos pocos se convirtieron en fabricantes de alfombras. Lo mismo ocurre con el conocimiento Sufi. La combinación de las partes hace al todo. Mas la gente de la madera quiere trabajar con madera. Esto estaría bien si hubiese un mercado para la madera.

¿QUÉ Y DE QUIÉN?

¿Esperas leche de una abeja, miel de una gallina o huevos de una vaca?

Estas ideas son absurdas. Sin embargo, ¿cuántas personas se detienen a pensar, antes de pedir información y guía a gente que no sabe, que están pidiendo lo imposible?

La razón por la cual no se detienen a pensar es esencialmente que no están buscando información, conocimiento o guía. Están pidiendo que se les entretenga, pasar el tiempo, que se les preste atención.

Esta es la razón por la cual, como todos hemos experimentado, las personas pedirán consejo con frecuencia pero no lo seguirán, más allá de cuán bueno pueda ser. El propósito de la transacción no es buscar consejo.

Y esta es la razón por la cual los Sufis a menudo no son populares. Dado que no es necesariamente parte de su deber el llevar a cabo terapias encubiertas, puede que no cooperen en la ficción... y a la gente eso no le gusta para nada.

Un pedido

Si disfrutaste este libro, por favor deja una reseña en Goodreads y Amazon (o donde quiera que hayas comprado el libro).

Las reseñas son el mejor amigo de un escritor.

Para estar al tanto de las novedades acerca de nuestros próximos lanzamientos o noticias de la Idries Shah Foundation, apúntate a nuestra lista de correo:

http://bit.ly/ISFlist

Y para seguirnos en las redes sociales, usa cualquiera de los siguientes enlaces:

https://twitter.com/IdriesShahES

https://www.facebook.com/IdriesShah

http://www.youtube.com/idriesshah999

http://www.pinterest.com/idriesshah/

http://bit.ly/ISgoodreads

http://fundacionidriesshah.tumblr.com

https://www.instagram.com/idriesshah/

http://idriesshahfoundation.org/es